Inteligencia emocional

Los secretos para mejorar su inteligencia emocional, habilidades sociales, carisma, influencia y autoconciencia, y consejos de comunicación efectivos para persuadir a la gente

© Copyright 2020

Todos los derechos reservados. Ninguna parte de este libro puede ser reproducida de ninguna forma sin el permiso escrito del autor. Los revisores pueden citar breves pasajes en las reseñas.

Descargo de responsabilidad: Ninguna parte de esta publicación puede ser reproducida o transmitida de ninguna forma o por ningún medio, mecánico o electrónico, incluyendo fotocopias o grabaciones, o por ningún sistema de almacenamiento y recuperación de información, o transmitida por correo electrónico sin permiso escrito del editor.

Si bien se ha hecho todo lo posible por verificar la información proporcionada en esta publicación, ni el autor ni el editor asumen responsabilidad alguna por los errores, omisiones o interpretaciones contrarias al tema aquí tratado.

Este libro es solo para fines de entretenimiento. Las opiniones expresadas son únicamente las del autor y no deben tomarse como instrucciones u órdenes de expertos. El lector es responsable de sus propias acciones.

La adhesión a todas las leyes y regulaciones aplicables, incluyendo las leyes internacionales, federales, estatales y locales que rigen la concesión de licencias profesionales, las prácticas comerciales, la publicidad y todos los demás aspectos de la realización de negocios en los EE. UU., Canadá, Reino Unido o cualquier otra jurisdicción es responsabilidad exclusiva del comprador o del lector.

Ni el autor ni el editor asumen responsabilidad alguna en nombre del comprador o lector de estos materiales. Cualquier desaire percibido de cualquier individuo u organización es puramente involuntario.

Índice

INTRODUCCIÓN 1
CAPÍTULO 1: EMOCIONES E INTELIGENCIA 3
CAPÍTULO 2: LA INTELIGENCIA EMOCIONAL ES OTRA FORMA DE MENTE 8
CAPÍTULO 3: ¿DE DÓNDE VIENEN LAS EMOCIONES? 16
CAPÍTULO 4: CINCO HABILIDADES CLAVE PARA DESARROLLAR LA INTELIGENCIA EMOCIONAL 22
CAPÍTULO 5: AMPLIFICADOR DE LAS EMOCIONES DE ALEGRÍA - UN RECURSO QUE ESTÁ SIEMPRE CON USTED 31
CAPÍTULO 6: MANEJO DE LA IRA - RESISTENCIA EMOCIONAL EN EL CONFLICTO 40
CAPÍTULO 7: MANEJO DEL MIEDO, Y CÓMO DESARROLLAR EL CORAJE 46
CAPÍTULO 8: AUTOCONFIANZA - EL CAMINO DE LA AUTOESTIMA INCIERTA A LA AUTOCONFIANZA 52
CAPÍTULO 9: ANATOMÍA DE LA RISA - CÓMO DESARROLLAR EL SENTIDO DEL HUMOR 61
CAPÍTULO 10: DOLOR - EL ANTÍDOTO PARA LA DEPRESIÓN 67
CAPÍTULO 11: INSPIRACIÓN - ¿DÓNDE ESTÁ EL BOTÓN DE "INICIO" DE SU ENTUSIASMO? 73
CAPÍTULO 12: INFECTADO CON UN SENTIDO DE CULPA 79
CAPÍTULO 13: ANATOMÍA DEL SENTIMIENTO DE RESENTIMIENTO - LA RECETA PARA EL PERDÓN RADICAL 87

CAPÍTULO 14: CELOS 96
CAPÍTULO 15: EMOCIONES TÓXICAS 101
CAPÍTULO 16: MEJORANDO LA CONCIENCIA EMOCIONAL................ 107
CONCLUSIÓN.. 116
VEA MÁS LIBROS ESCRITOS POR MARK DUDLEY 118

Introducción

La inteligencia emocional es algo dentro de cada uno de nosotros de lo que apenas somos conscientes. Algo que determina cómo controlamos nuestro comportamiento, cómo nos presentamos ante la sociedad, cómo nos comunicamos con otras personas y cómo tomamos decisiones.

La inteligencia emocional nos ayuda a conocer la influencia que tiene en nuestras emociones y en las de los demás; una habilidad que nos permite reducir el estrés, aprender a comunicarnos de manera efectiva, superar obstáculos y resolver conflictos. La inteligencia emocional debería ser parte integral de la mayoría de nuestras actividades diarias. Su dominio influirá positivamente en nuestras actitudes y en las de los que nos rodean. Cualquiera que tenga la habilidad de una alta inteligencia emocional es capaz de determinar su estado emocional y el de los que le rodean. Saben cómo atraer a la gente sin ninguna manipulación ni engaño y son alguien a quien la gente quiere seguir gustosamente o con quien quieren pasar tiempo.

¿Por qué se considera tan importante un alto cociente emocional (EQ)? Porque aquellos que no son las personas más "destacadas" en ciertas áreas a menudo resultan ser más exitosos en el trabajo o más felices en sus vidas personales. Probablemente usted conoce a gente brillantemente educada y sin embargo socialmente desordenada, sin suerte en los negocios y sin éxito en las relaciones personales. Un alto CI (coeficiente de inteligencia) no es suficiente para ser feliz y exitoso en todas las áreas de la vida, en cualquier caso, en aquellas áreas que son más importantes para nosotros. El CI ayudará a entrar en la universidad, pero el EQ (cociente emocional) da testimonio de nuestra capacidad para hacer frente a muchas capacidades diferentes. El CI puede ayudarle a conseguir una entrevista de trabajo, pero algo como entrar en un equipo y desarrollar relaciones es responsabilidad del EQ.

No solo leerá en este libro lo que constituye la inteligencia emocional en acción, sino también cómo puede desarrollarla y utilizarla, y cómo le ayudará a resolver algunos problemas y a prevenir otros. Descubrirá cómo tener un alto nivel de Inteligencia Emocional y alcanzar un nivel de equilibrio emocional, y usará su nueva autoconciencia para encontrar el éxito en todas las áreas más importantes de la vida.

Capítulo 1: Emociones e inteligencia

La inteligencia emocional es un concepto que ha surgido además de la inteligencia en su sentido tradicional. Si normalmente asociamos la inteligencia con cosas como la mente, la educación y el coeficiente intelectual, entonces la inteligencia emocional es otra cosa. Es la capacidad de una persona para percibir y utilizar la información emocional que se recibe, o se transmite, a través de las emociones. La inteligencia emocional está incluida en el rango de intereses tanto de las ciencias naturales como de las humanidades —neurología, psicología, neuropsicología, fisiología, sociología y filosofía.

A menudo, al escuchar sobre la inteligencia emocional, la gente se pregunta si se puede llamar "inteligencia". Las emociones son informativas, solo hay que controlar la propia comunicación para ver esto. Notará que la mayor parte de la información que recibe no proviene de las palabras de la persona, sino de la expresión de su rostro. Cuando se trata de la primera impresión, muchas personas a menudo sienten que entienden inmediatamente si una persona es algo "malvada" o "honesta", o si no es digna de confianza. Esto se llama la capacidad de comunicarse y establecer contacto, y a un nivel más avanzado, la capacidad de entender a las personas. Y siempre se trata de las emociones.

Las emociones son estados subjetivos que experimentan los seres humanos y los animales; las emociones surgen en respuesta a la influencia de estímulos externos o internos y aparecen en forma de experiencias directas, por ejemplo, el placer o el disgusto, la alegría, el miedo y la ira.

Aunque hablamos de "miedo en el corazón" y "alegría en el alma", las emociones nacen en el cerebro debido a la activación de sus estructuras correspondientes. Hace mucho tiempo, unos experimentos demostraron que la excitación de ciertas estructuras en el cerebro causa la aparición de emociones positivas, que el cuerpo busca fortalecer, extender o repetir. Por el contrario, la excitación de otras estructuras provoca la aparición de emociones negativas, que el cuerpo busca eliminar o debilitar. De ahí el significado biológico de las emociones: tienen una función de evaluación, gracias a la cual el cuerpo puede responder con antelación y rapidez a los cambios del entorno, para movilizar la energía necesaria para satisfacer las necesidades inmediatas. Esto significa que las emociones están llenas de cierta información, y su aparición se debe también a razones específicas porque las emociones no surgen sin un desencadenante. Siempre son una respuesta a los estímulos: el entorno, el acontecimiento.

Las emociones no se quedan en un segundo plano mientras la vida fluye; afectan directamente a las actitudes y las relaciones, y participan en el proceso más importante de la toma de decisiones de una persona. A menudo se dice que las emociones interfieren en la toma de decisiones, pero esto es discutible: las emociones motivan, y una persona motivada se inclina a tomar decisiones basadas en esas emociones. Una decisión puede ser errónea, al igual que una decisión tomada sin emociones puede resultar errónea. Para que las emociones no fallen, hay que desarrollar la inteligencia emocional, al igual que una persona desarrolla la mente.

Las emociones subyacen a la experiencia de vida de un individuo. Al desempeñar el papel de refuerzo negativo o positivo, ayudan a desarrollar, consolidar y preservar formas particulares de comportamiento, o, por el contrario, a eliminarlas. Si esto le recordó los experimentos del académico Ivan Pavlov, tiene razón. Los más famosos fueron sus experimentos con perros: después de que sonara una campana, se le daba comida al perro, a la vista de la cual literalmente empezaba a babear. Posteriormente, cuando sonaba la campana, la saliva del perro comenzaba a producirse con antelación: el animal ahora asociaba el sonido de la campana con comer comida sabrosa. Ahora piense en sus propias reacciones emocionales a varios estímulos. Por ejemplo, cuando se espera una llamada de una persona querida, es probable que agarre el teléfono con esperanza y alegría cada vez que suena. Y viceversa: si alguien a quien no quiere escuchar le llama, la llamada le causará temor y otras emociones desagradables.

Es un gran error pensar que las emociones son demasiado vagas, tendenciosas o incontrolables. El desarrollo de las emociones es un paso crucial en el camino de la evolución, lo que se confirma con la opinión del fundador de la teoría de la evolución. Charles Darwin dijo que las emociones ayudan a evaluar la información entrante (por ejemplo, el grado de peligro) y, como resultado, elegimos la línea de comportamiento que consideramos más adecuada para una situación determinada.

Resulta que las emociones también nos sirven para aumentar la fiabilidad y ampliar las capacidades de adaptación del cuerpo. Tener una respuesta emocional es también una de las principales formas en que los humanos regulan internamente su actividad mental y su comportamiento.

Debe entenderse que las emociones —y también lo mencionaremos en una de las secciones del libro— están en gran medida (como las acciones) determinadas por las normas de moral y leyes del lugar donde vivimos. Tales "normas" existen en todas las sociedades (aunque en algunos ambientes, las normas morales y legales son tales que no podemos obligarnos a considerarlas morales y correctas). Esto es muy fácil notar al comunicarse con representantes de diferentes culturas: los japoneses, por ejemplo, son extremadamente restringidos en la expresión de sus emociones. Los japoneses no le mostrarán sus almas ni hablarán libremente de los detalles de su vida. Pero, aquí en los EE. UU., es bastante normal expresar las emociones abiertamente y esto se encuentra a menudo incluso entre completos extraños: en línea, en un tren, en un hospital.

Las emociones parecen ayudar a satisfacer ciertas necesidades, pero la conexión no se limita a esto: las necesidades espirituales, estéticas, morales e intelectuales son también la base para el surgimiento de los sentimientos, las formas más altas de emociones.

¿Qué es lo que acompaña a la aparición de las necesidades de cualquier persona? Si se piensa con detenimiento, la respuesta será: la aparición de cualquier necesidad, sin excepción, siempre va acompañada de un sentimiento de insatisfacción, que se intensifica con cualquier intento infructuoso de satisfacer la necesidad (es decir, cuando los esfuerzos no llegan a la meta). Esta es una muy buena demostración de la necesidad de amor: cuantas más experiencias amorosas negativas tenga una persona, más agudo será el sentimiento de insatisfacción y más fuerte la necesidad de amor. Las emociones que acompañan a esas experiencias solo pueden imaginarse: tal vez ira, resentimiento, odio, autodesprecio y desesperación.

Así que llegamos al hecho de que las emociones son positivas o negativas. La naturaleza ha decretado que no experimentamos solo emociones positivas. Cumplen su tarea biológica: como las emociones negativas acompañan a una necesidad insatisfecha, animan a una persona a superar los obstáculos que impiden la satisfacción de sus necesidades. En otras palabras, observe más de cerca este hecho aparentemente paradójico: si no hubiéramos sido "tan malos", no habríamos sabido que lo éramos y no habríamos intentado cambiar nada. Si no sintiéramos hambre, no tendríamos necesidad de comer y muy pronto llegaríamos a un grado extremo de agotamiento, y posteriormente moriríamos.

La satisfacción de nuestras necesidades nos lleva a emociones positivas. En este estado, tenemos un sentimiento de satisfacción, felicidad, gozo, alegría y gratitud, no solo como resultado de nuestros esfuerzos, sino también como recompensa por nuestro trabajo. Con su ayuda, el cuerpo confirma que no lo intentamos en vano y que conseguir lo vital es útil y simplemente agradable. Las emociones biológicamente positivas ayudan al cuerpo a evaluar el grado de satisfacción de sus necesidades. Están asociadas a los llamados mecanismos de saturación sensorial que están ampliamente representados en los procesos de satisfacción de las diferentes necesidades (en la alimentación, en la comunicación, en la proximidad, etc.). Además, cuando una persona se entrena metódicamente para satisfacer una misma necesidad, adquiere la capacidad de guiarse para lograr el objetivo no solo por las emociones negativas, sino también por las ideas sobre las emociones positivas que aparecerán cuando se satisfaga la necesidad. Así pues, una persona comienza a buscar el placer: sabe por experiencia que una determinada acción le dará muchas emociones positivas.

Los ejemplos más obvios son la comida y el sexo, y estos ejemplos son indicativos porque recuerdan a los extremos: en la búsqueda de la satisfacción de una necesidad y la recepción de emociones positivas, una persona corre el riesgo de convertirse en dependiente de esta satisfacción. Por lo tanto, estos sentimientos sin control, producen glotones o el orden más alto de Casanova (hombre o mujer).

Capítulo 2: La inteligencia emocional es otra forma de mente

El estudio de la inteligencia emocional comenzó en 1937, cuando el psicólogo hereditario Robert Thorndike publicó un trabajo sobre la inteligencia social. En 1940, el destacado psicólogo David Wechsler (que también fue influenciado por el padre de Thorndike) avanzó en el tema con un artículo sobre los componentes intelectuales y no intelectuales. Wechsler señaló que los componentes no intelectuales son aún más importantes para la adaptación social que los intelectuales. Fue con ellos que comenzó un estudio serio de este fenómeno. Un hito importante fue también en 1983 cuando Howard Gardner escribió sobre "inteligencias múltiples", y en 1990, cuando los psicólogos americanos John Mayer y Peter Salovey introdujeron el término "inteligencia emocional" y comenzaron un programa de investigación para medirla. Definitivamente mencionaremos el libro de Daniel Goleman "Inteligencia emocional", que fue publicado en 1995 y se ha convertido en un clásico: a pesar de que el término en sí no fue su idea.

Mayer y Salovey acuñaron la frase "inteligencia emocional". Los científicos han descrito la inteligencia emocional basándose en sus partes constituyentes. La inteligencia emocional es una combinación de cuatro habilidades, entre las cuales tenemos:

• La precisión de evaluar y expresar emociones: la habilidad de determinar las emociones de acuerdo a su estado físico y pensamientos, apariencia y comportamiento. Esto también incluye la capacidad de expresar sus emociones y necesidades relacionadas con otras personas.

• El uso de las emociones en la actividad mental: la comprensión de cómo se puede pensar de manera más efectiva usando las emociones. Muchos problemas provienen del hecho de que algunas personas no saben cómo controlar sus emociones, no las entienden y no son capaces de controlarlas. Si una persona tiene esa habilidad, obtiene un regalo inestimable: la capacidad de ponerse en la posición de otro, verse a sí mismo desde este lado y evaluar la situación desde diferentes puntos de vista. Todo esto es la capacidad de ver el mundo desde diferentes ángulos. Esta habilidad es extremadamente productiva, porque permite regular las relaciones y encontrar soluciones a problemas apremiantes.

• Comprensión de las emociones: capacidad de determinar el origen de las emociones, clasificarlas, reconocer la relación entre palabras y emociones, interpretar el significado de las emociones relacionadas con las relaciones, comprender los sentimientos complejos, ser consciente de las transiciones de una emoción a otra. Los investigadores incluyen aquí el posible desarrollo ulterior de la emoción.

• Gestión de las emociones: la capacidad de utilizar la información que proporcionan, evocar emociones o alejarse de ellas (en función de su contenido informativo o su utilidad), gestionar las emociones de los demás y las propias.

Afortunadamente, la inteligencia emocional puede desarrollarse. Esto no es lo que se nos da desde el nacimiento y para toda la vida. Aunque, por ejemplo, J. Mayer cree que es imposible aumentar el nivel de inteligencia emocional, porque, en su opinión, esto es solo un hecho. Pero luego admite que a través de entrenamiento, una persona puede aumentar su nivel de competencia emocional, es decir, la capacidad de reconocer sus sentimientos y los de otras personas con el objetivo de auto-motivarse y controlar sus emociones.

Entre sus oponentes, vemos a un muy autoritario D. Goleman, un verdadero titán en el estudio de la inteligencia emocional. Goleman cree que la inteligencia emocional puede ser desarrollada porque las vías nerviosas del cerebro continúan desarrollándose hasta la mitad de la vida humana. Los métodos para desarrollar la inteligencia emocional pueden ser muy diferentes, y entre ellos, todos encontrarán al menos uno que sea el más adecuado: la educación familiar, las relaciones en la sociedad, las relaciones cercanas con el sexo opuesto, y simplemente la experiencia de la vida misma, que, como sabe, es el mejor maestro.

Cuando los estudios sobre la inteligencia emocional se hicieron ampliamente disponibles, resultaron ser el eslabón perdido con respecto a una pregunta específica: ¿por qué las personas con inteligencia promedio (CI) están por delante de los competidores con inteligencia más alta el setenta por ciento de las veces? Este problema arrojó una densa sombra sobre lo que la gente siempre había confundido con el único requisito principal para tener éxito: el CI. Por el contrario, varias investigaciones coinciden en que la inteligencia emocional es también tan importante como esta otra enfocada principalmente en el componente de inteligencia.

La inteligencia emocional consiste en tres habilidades básicas que describen la comprensión personal y social:

1) Habilidad personal: consiste en nuestra autoconciencia y habilidades de autogestión. Esto se centra en nosotros como persona y no mucho en nuestras interacciones con los demás. Esto implica ser

capaz de entender nuestro estado actual y emociones, y ser capaz de controlar nuestras inclinaciones y comportamiento. Dos habilidades pertenecen a esto:

a) Autoconciencia: esto implica ser capaz de sentir con precisión nuestras emociones actuales y seguir su apariencia y desarrollo. Somos conscientes de nuestras emociones personales, la forma en que afectan a nuestro pensamiento y patrones de comportamiento, conocemos nuestros puntos fuertes y nuestros puntos débiles, y mantenemos la confianza en nosotros mismos, y

b) Autogobierno: la habilidad de usar la comprensión de las emociones de uno para permanecer flexible y dirigir positivamente el comportamiento de uno. Somos capaces de manejar acciones repentinas o sentimientos impulsivos de manera saludable, y manejar nuestras emociones, pensar y actuar de manera correcta, cumplir con las obligaciones y adaptarse a las circunstancias cambiantes.

2) Competencia social: consiste en la comprensión de los procesos que tienen lugar en nuestro entorno y en la comprensión de las relaciones humanas. Este aspecto está implicado en nuestra comprensión de los estados de ánimo de los que nos rodean, su comportamiento actual y las razones de dicho comportamiento, con el fin de mejorar la calidad de la relación entre nosotros y otras personas. Esto también incluye dos habilidades:

a) Comprensión social: la habilidad de notar con precisión las emociones de otras personas y entender lo que realmente está sucediendo. Gracias a esta habilidad, identificamos y llegamos a comprender las emociones, problemas y necesidades de los demás, y cómo sentirnos cómodos en la sociedad; y

b) Gestión de las relaciones: la capacidad de utilizar la comprensión de las emociones propias y ajenas para gestionar con éxito las interacciones con otras personas. Sabemos cómo empezar y continuar (de forma saludable) con buenas relaciones, cómo hablar de forma que no se nos malinterprete, inspirar a los demás, cómo trabajar bien con muchos otros y encontrar una salida a las situaciones de conflicto.

La inteligencia emocional y el coeficiente intelectual son dos cosas diferentes. La inteligencia emocional es un elemento fundamental del comportamiento humano que es distinto de la inteligencia. No hay una conexión conocida entre una medida de inteligencia y la inteligencia emocional; es completamente imposible predecir el nivel de inteligencia emocional basado en cuán inteligente es alguien, es decir, cuán alto es su coeficiente intelectual. El CI en sí mismo es mal entendido como un grado de educación o como un indicador de genialidad. El CI es su capacidad de aprendizaje, y a los quince años usted tiene el mismo CI que a los cincuenta. La inteligencia emocional, por otro lado, no es un don fijo. Puede aprender a desarrollarla. Además, con un aprendizaje, uso y práctica constantes, usted puede ser un maestro de la inteligencia emocional. Por supuesto, algunas personas tienen naturalmente una inteligencia emocional más alta que otras, pero puede desarrollar la inteligencia emocional a un alto nivel si lo desea, incluso si no sabía que podía hacerlo.

3) Individualidad: la última pieza del mosaico. La individualidad es el resultado de profundas preferencias, como la tendencia a centrarse en uno mismo o, por el contrario, a mostrar un comportamiento extrovertido. Sin embargo, al igual que el coeficiente intelectual, no se puede usar la personalidad para predecir el nivel de inteligencia emocional. Como el CI, la personalidad es estable y no cambia a lo largo de la vida. Cada uno de estos fenómenos — el CI, la inteligencia emocional y la individualidad— representa una base única para la interacción de una persona consigo misma y con el mundo que la rodea.

La inteligencia emocional afecta:

• Nuestro éxito en el trabajo: la inteligencia emocional ayuda a gestionar los contactos, lo que es especialmente importante si una persona trabaja en equipo o si su trabajo está relacionado con la comunicación (y la gran mayoría de las clases son adecuadas para estos criterios). La inteligencia emocional ayuda a motivar a las personas, y si hay un elemento de competencia en el trabajo, a superar a los rivales.

- Salud física: la vida moderna es estresante; es un hecho. Por supuesto, hay personas que tienen menos estrés, pero en general, no se trata de quién tiene más o quién tiene menos, sino de cuánto es capaz de manejar una persona. Si no se puede controlar el nivel de estrés, esto puede conducir a graves problemas de salud. El estrés no controlado puede suprimir el sistema inmunológico, aumentar el riesgo de un ataque cardíaco, elevar la presión arterial, contribuir a la infertilidad y acelerar el proceso de envejecimiento. Por lo tanto, un prerrequisito vital para desarrollar y mejorar su inteligencia emocional es tratar de averiguar y entender cómo reducir el estrés.

- Salud mental: el estrés constante también puede afectar la salud mental de una persona, haciéndola susceptible a la depresión y la ansiedad. Cuando no somos capaces de comprender y responder adecuadamente a nuestras emociones, nos encontramos sujetos a cambios de humor, y la incapacidad de controlarnos a nosotros mismos lleva a la incapacidad de formar relaciones fuertes, lo que al final puede hacernos experimentar una soledad aguda.

- Relaciones: entendiendo nuestras emociones y sabiendo cómo responder adecuadamente a ellas, somos capaces de expresar mejor nuestros sentimientos, entendemos lo que otras personas sienten, y cómo. Esta habilidad nos permite interactuar mejor y más eficientemente, además de crear mejores relaciones tanto en el trabajo como en nuestra vida personal.

Así que la inteligencia emocional está asociada con el éxito en el trabajo. Piense en cuánto afecta su inteligencia emocional al éxito profesional. La respuesta corta es: mucho, porque es una manera poderosa de enfocar la energía en una dirección con un resultado enorme. Durante un estudio a gran escala que comparó la inteligencia emocional con otras treinta y tres habilidades importantes para el trabajo, los psicólogos sociales de la Universidad Aristóteles de Tesalónica descubrieron que la inteligencia emocional es el predictor más fuerte del éxito en el trabajo, y determina el 58% del éxito, y en todas las áreas profesionales. ¡Más de la mitad! Y resulta que factores tan importantes como el CI, el perfil de educación, la experiencia previa, etc. representan incluso menos de la mitad de los méritos.

Nuestra inteligencia emocional es la base para adquirir las habilidades más importantes, y es crítica porque afecta a la mayoría de lo que decimos y hacemos cada día. La inteligencia emocional es el criterio más importante para el éxito en el lugar de trabajo, y para aquellos que aspiran a una posición alta, es el factor más importante en el liderazgo.

Entre los participantes del estudio había ejecutivos, incluyendo grandes compañías internacionales; resultó que el noventa por ciento de ellos tenían un nivel muy alto de inteligencia emocional. Al mismo tiempo, solo el 20% de los empleados que ocupaban puestos de base tenían una inteligencia emocional muy desarrollada, lo que significa que tarde o temprano se considerará que deban ocupar una posición mucho más elevada. Si otros desarrollan su inteligencia emocional, sus capacidades también mejorarán notablemente. Usted puede ser la persona más importante que trabaja para una empresa sin inteligencia emocional, pero las posibilidades son pequeñas.

La inteligencia emocional puede ser desarrollada. Esta es ciertamente su propiedad más alentadora. La comunicación entre nuestros "cerebros" emocionales y racionales es la fuente física de la inteligencia emocional. El camino para la inteligencia emocional comienza en el cerebro; cuando ocurre un evento que nos involucra, nuestros sentimientos primarios surgen aquí y a través del sistema límbico se abren paso hasta el primer plano del cerebro antes de que podamos pensar racionalmente en lo que ha sucedido. Así que tenemos una reacción emocional a los eventos antes de que la mente sea capaz de comprenderlos. La inteligencia emocional, por lo tanto, requiere una comunicación efectiva entre los centros racionales y emocionales del cerebro.

Existe el término "neuroplasticidad". Los neurólogos lo usan para describir la habilidad del cerebro para cambiar. El cerebro crea nuevas conexiones cuando aprendemos nuevas habilidades. Los cambios ocurren gradualmente porque las células cerebrales desarrollan nuevas conexiones para acelerar la efectividad de las habilidades recién adquiridas. El uso de estrategias para desarrollar la inteligencia emocional permite que miles de millones de neuronas microscópicas que allanan el camino entre los centros racionales y emocionales del cerebro "tiren de las ramas" para llegar a otras células. Una célula puede crear quince mil vínculos con sus vecinos. Cuando entrenamos nuestros cerebros constantemente usando nuevas estrategias para aumentar nuestra inteligencia emocional, el comportamiento emocionalmente inteligente se convierte en un hábito.

Capítulo 3: ¿De dónde vienen las emociones?

Si recordamos a Charles Darwin, hace unas páginas atrás, entonces simplemente no tenemos derecho a olvidarnos de la evolución. En términos de evolución, la fuente de las emociones puede ser considerada como formas primarias de irritabilidad. Pero las verdaderas emociones están asociadas con el desarrollo de estructuras cerebrales especiales, principalmente formaciones límbicas. Gracias a estas formaciones, se ha producido la transición de la naturaleza activa del comportamiento a un nivel cualitativamente nuevo. El cerebro ha adquirido la capacidad de utilizar las experiencias subjetivas (es decir, las emociones) del propio estado como una fuerza estimulante e impulsora del comportamiento.

La primera teoría fisiológica de la aparición de las emociones es la llamada teoría periférica. Fue propuesta por William James y Carl Lange en la década de 1880. En su opinión, las emociones son una consecuencia de los cambios en la actividad de los órganos internos y los músculos, y estos cambios son causados por los estímulos apropiados.

Esta teoría tiene derecho a existir, pero se utiliza principalmente para explicar las emociones causadas por el estado físico del cuerpo (por ejemplo, una persona está enferma y, como resultado, experimenta una variedad de emociones negativas). Pero esta teoría no es adecuada para explicar las emociones de un nivel superior porque es imposible explicar que las emociones sociales o estéticas son causadas por cambios en los órganos internos. De ser posible, se trata solo de un tramo, como los cambios estructurales en el cerebro que conducen a psicopatologías y, en consecuencia, a algunas sensaciones sociales (o antisociales).

En el primer tercio del siglo XX, se planteó la llamada teoría Cannon-Bard (o talámica) de Walter Cannon y Philip Bard. Esta teoría se basa en el hecho de que en una determinada estructura del cerebro —el tálamo— se forman excitaciones emocionales, que dan lugar a reacciones en la periferia del cerebro que son características de una determinada emoción. A continuación, James Papez presentó su teoría (el "circuito Papez"), que da el papel principal de la formación de las emociones a las estructuras límbicas del cerebro. Como ya hemos mencionado anteriormente el sistema límbico y hemos prometido dedicarle una sección especial, usted se da cuenta de que fue este científico el que ideó la solución. Según su teoría, las excitaciones emocionales comienzan y terminan en el hipocampo, extendiéndose a los cuerpos mamarios, luego a través del tálamo hasta el giro cingulado en lo que se llama el circuito de Papez. Según Papez, la propagación de la excitación emocional desde el giro cingulado hasta la corteza de los hemisferios cerebrales crea una coloración emocional de los procesos mentales.

Hablamos del hecho de que las emociones son necesarias para vivir y adaptarse a la sociedad. Esta idea fue desarrollada activamente a mediados del siglo XX por el fisiólogo Pyotr Kuzmich Anokhin. Desarrolló una teoría biológica, que se basa en el hecho de que las emociones surgieron durante el proceso de evolución como medio para una adaptación más exitosa de los seres vivos a las condiciones de la existencia. Las emociones eran útiles para la supervivencia y permitían a los seres vivos responder rápidamente y de forma más económica a las influencias externas, lo que conducía a la aparición de necesidades internas y a la satisfacción. Además, las emociones permiten a los animales y a los humanos evaluar el impacto en el cuerpo de diversos factores, incluidos los perjudiciales. Producen una integración casi instantánea de todas las funciones corporales, como resultado de lo cual se determina la utilidad o la nocividad del factor influyente. Las emociones, de hecho, siguen la pista a un entorno cambiante y así ayudan al cuerpo a desarrollar una respuesta. A menudo esa reacción se produce a la velocidad del rayo.

Nos interesa otra teoría, cuya autoría también pertenece a Pavel V. Simonov. Su teoría sugiere que el estado emocional del cuerpo está determinado por dos factores: por un lado, las emociones negativas que acompañan a las necesidades iniciales del cuerpo, y por otro lado, la probable previsión de emociones positivas para satisfacer esas necesidades. La evaluación por el cerebro de los dos factores más importantes —la necesidad y la probabilidad de su satisfacción— puede ser una condición necesaria y suficiente para la aparición de un espectro de emociones.

Las emociones y el cerebro

Si las emociones aparecen en respuesta a un estímulo externo, surge una pregunta lógica: ¿dónde aparecen? Hay ciertos mecanismos fisiológicos cuyo conocimiento nos ayuda a entender de dónde vienen nuestras reacciones emocionales.

El "método de irritación" permitió objetivar las sensaciones emocionales en los animales. Todo comenzó en 1954, cuando dos investigadores de la Universidad McGill, James Olds y Peter Milner, se preparaban para realizar la estimulación eléctrica de la formación reticular del tronco cerebral de las ratas, mientras enseñaban a estos animales a resolver problemas. Los científicos implantaron electrodos en aquellas áreas del cerebro de los animales que eran más adecuadas para la tarea. En los experimentos preliminares, los investigadores notaron que cuando el pulso eléctrico se encendía, la rata se escapaba constantemente a un lugar determinado. Cuanto más a menudo observaban tal efecto, más les intrigaba la rata. Por lo tanto, decidieron automatizar la metodología para estudiar en detalle esta "repetición forzada".

Sin embargo, la historia no terminó ahí. James Olds compiló mapas de las regiones del cerebro en las que se podía obtener este efecto. La técnica no dio los resultados esperados, pero por casualidad se descubrió una parte del cerebro (la parte media anterior del paquete cerebral en el septo), que resultó ser una de las principales áreas para obtener este efecto. El resto del sistema de irritación se extiende desde esta zona e incluye áreas del tronco cerebral.

Los experimentos realizados con las técnicas de irritación han demostrado la capacidad de formar impulsos para repetir la estimulación eléctrica de las estructuras límbicas en animales de diversas especies (reptiles, aves y mamíferos). Esta atracción suele ser bastante fuerte y hace que los animales superen importantes obstáculos para obtener un efecto positivo. Las zonas de autoestimulación se consideran centros de emociones positivas. Están ampliamente representadas en la zona del hipotálamo lateral (parte del hipotálamo), la formación reticular del mesencéfalo, en el septo, la amígdala, el hipocampo y otras formaciones límbicas. En la corteza cerebral, estas zonas son mucho más pequeñas.

La irritación de algunas estructuras cerebrales causa reacciones de evitación pronunciadas en los animales. Estas áreas del cerebro se consideran zonas de emociones negativas (o zonas negativas). Su estimulación provoca una actitud extremadamente negativa hacia el entorno en el que se ha producido la irritación. Por lo tanto, los animales no solo tienen miedo de volver a entrar en la oficina veterinaria, donde una vez fueron heridos, sino que experimentan las emociones más desagradables al entrar en una habitación asociadas a algún tipo de evento traumático. Las zonas cuya irritación provoca distintas reacciones emocionales negativas también se encuentran en el hipotálamo, en la parte central de la formación reticular del mesencéfalo y el septo, así como en la amígdala.

A menudo, las personas que aprenden que las emociones negativas nacen no solo "en la cabeza", sino en estructuras cerebrales bien definidas, se complacen en pensamientos sobre la posibilidad de mejorar. ¿Qué pasa si estas estructuras se eliminan del cerebro? Entonces, después de todo, la negatividad será eliminada, y ya no sentiremos resentimiento, incredulidad, duda, insatisfacción, ¿no es así?

Por supuesto, los científicos ya se han hecho esta pregunta. Reacciones en ausencia de criterios objetivos que causen emociones, Walter Cannon llamó "reacciones emocionales falsas". Tales reacciones se observan cuando la amígdala y el hipocampo son removidos, y también la ira cuando la corteza cerebral es removida. En otras palabras, la fórmula "sin área cerebral-no hay problema" no funciona. Las emociones permanecen. Friedrich Goltz a finales de 1800 observó a los perros a los que se les había quitado la corteza cerebral. Los perros reaccionaban con maldad a cualquier irritación externa. Además, la rabia los arrastraba hasta tal punto que perdían la capacidad de evaluar el estímulo adecuadamente; su reacción era excesiva, e incluso los perros que eran amistosos antes de la operación atacaban a sus dueños después de ella.

Otros dos científicos, Heinrich Kluver y Paul Bucy, descubrieron que después de que a los monos se les extirparon las regiones temporales de la corteza, desarrollaron un síndrome (que los investigadores denominaron síndrome de Kluver-Bucy): estos animales siguieron siendo afectados por los estímulos, pero ya no evaluaron su importancia biológica. No podían ver el peligro de lo que iba a causar alarma; por ejemplo, podían comer un objeto completamente incomestible o seguir agarrando un fósforo encendido incluso después de haberse quemado. Habían perdido completamente el sentido del miedo, pero no se trataba de una condición llamada intrepidez; al contrario, los animales se volvieron mansos, empezaron a confiar absolutamente en todo el mundo (incluso en aquellos en los que antes no habrían confiado). Además, en su manada, estos animales se volvieron inadaptados, es decir, no aptos para una sociedad de su propia clase y, por consiguiente, perdieron su posición en la manada. Los investigadores han demostrado que en todos los casos de daño a la corteza cerebral, se pervierten las reacciones emocionales.

Capítulo 4: Cinco habilidades clave para desarrollar la inteligencia emocional

En relación con la alegría y el relativo éxito en la vida, se cree que el EQ significa tanto como el CI. Un fuerte EQ ayuda a un individuo a desarrollar relaciones fuertes. También ayuda a mejorar el éxito en el trabajo y ayuda a alcanzar mejor las metas individuales y colectivas. No es por exagerar la importancia, pero es útil saber cómo aumentar su EQ. Cinco habilidades básicas ayudarán.

Toda la información entrante llega al cerebro a través de nuestros sentidos. Cuando esta información es radicalmente tensa o emocional, el instinto toma el control, y nuestra capacidad de actuar está limitada por las habilidades básicas necesarias para la supervivencia: correr, pelear o separarse mentalmente. Por lo tanto, para poder elegir entre una lista de opciones "rentables" y socialmente aceptables, siempre debemos ser capaces de equilibrar las emociones.

La memoria también está estrechamente relacionada con las emociones. Al aprender a utilizar la región emocional de nuestro cerebro de la misma manera que la racional, no solo ampliamos nuestra gama de opciones en lo que respecta a nuestras reacciones a los estímulos, sino que también aprendemos a utilizar nuestra memoria emocional en la toma de decisiones. Esto ayuda a prevenir la repetición continua de errores pasados. Para aumentar el nivel de inteligencia emocional, como ya hemos insinuado, es necesario entender el lado emocional del cerebro y aprender a manejarlo. El conocimiento que obtendrá de este libro le ayudará con esto porque este conocimiento es un arma valiosa. Hay cinco habilidades clave; habiendo dominado las dos primeras, será mucho más fácil para usted dominar las otras tres.

Así que, el desarrollo de la inteligencia emocional pasa por cinco habilidades clave:

- Habilidad 1: Reducir rápidamente el estrés.

- Habilidad 2: Entender y manejar sus emociones.

- Habilidad 3: Establecer contacto con los demás utilizando la comunicación no verbal.

- Habilidad 4: Usar humor y juegos para enfrentar los desafíos y superar los obstáculos.

- Habilidad 5: Resolver positivamente los conflictos.

Cualquier persona puede aprender estas habilidades en cualquier momento, sin importar su edad o educación. Pero hay una diferencia entre el conocimiento sobre su EQ y ponerlo en práctica. Saber que hay que hacer una cosa determinada no significa que la hagamos. A menudo, este es el caso cuando estamos abrumados por una tensión que podría negar nuestras mejores intenciones.

Un alto nivel de tensión puede interferir con la capacidad de una persona para decodificar con precisión la situación, escuchar lo que dicen los demás, conocer sus propios sentimientos y necesidades, expresar claramente sus pensamientos y comunicarse con los demás. La capacidad de calmarse rápidamente y de reducir el estrés ayuda a mantenerse equilibrado, concentrado y controlado, sin importar los problemas que surjan o lo estresante que llegue a ser la situación.

Para cambiar y mejorar constantemente su comportamiento mientras se encuentra bajo estrés emocional, debe saber cómo utilizar a su favor las poderosas partes emocionales del cerebro que permanecen activas y accesibles incluso en momentos de intensa presión emocional. Esto significa que no puede solo leer sobre inteligencia emocional para dominarla. Debe experimentar y practicar estas habilidades en su vida diaria. Hablaremos de cómo hacerlo ahora.

Lección de habilidad 1 - Cómo reducir el estrés

Desarrolle sus habilidades de manejo del estrés siguiendo estos pasos:

- Sea consciente de que está estresado. Reconozca que está bajo presión. El paso preliminar implica entender lo que significa sentirse estresado. Control: anote cómo se siente cuando está bajo presión. ¿Cómo reacciona su cuerpo? Observe cómo se tensan los músculos (observe que bajo el estrés, mantienen constantemente la tensión), sus cambios de respiración (se vuelve más superficial y desigual). Ser consciente de su respuesta física al estrés significa ser capaz de regular el estrés cuando ocurre.

- Encuentre su respuesta al estrés. Cada persona responde a este estado a su manera. Aquellos que se inclinan a enfadarse o a preocuparse podrán ayudarse a aliviar por tales métodos (pensamientos, actividades). Aquellos que son propensos a la depresión se beneficiarán de acciones estimulantes. Los que se distraen y se vuelven lentos necesitan acciones que les proporcionen tanto consuelo como estímulo.

- Encuentre una técnica de manejo del estrés que sea adecuada para usted. Hay muchas técnicas; entre ellas, hay una que funcionará mejor para usted. No se desespere si los métodos probados no le ayudan, simplemente no ha encontrado el suyo. Tenga la seguridad de que existe. Los neurólogos y psicólogos de todo el mundo han estado mejorando las técnicas de manejo del estrés durante décadas.

Mientras busca su camino, recuerde una regla simple: la mejor manera de reducir rápidamente el estrés es activar al menos uno de los canales de percepción: visual, auditivo, olfativo, táctil y del gusto. Una vez más, cada persona responde de manera diferente a la activación de los sentidos, por lo que necesita encontrar cosas que le calmen rápidamente o, por el contrario, que le vigoricen. Por ejemplo, si su canal visual funciona mejor que los demás, los medios visuales le ayudarán a evocar una respuesta emocional y a cambiar su estado de ánimo para mejor (puede ser cualquier cosa, desde visitar un museo hasta ver una película o mirar una revista). Si usted es más sensible al sonido, ponga música o vaya al parque y escuche el viento en las ramas de los árboles. ¡Encuentre su camino!

Lección de Habilidad 2 - Cómo entender y manejar sus emociones

La clave para entenderse a sí mismo y a los demás es la capacidad de estar en contacto con sus emociones, ser consciente de ellas y saber cómo afectan a sus pensamientos y acciones. Parece tan simple, pero, desafortunadamente, algunas personas ni siquiera piensan que eso importa. Y como resultado, muchas personas se desconectan de sus emociones, no sienten contacto con ellas, no conocen los signos de su aparición y manifestación, y no saben cómo controlarlas; esto es especialmente cierto en el caso de fuertes emociones subyacentes como el miedo, la alegría, la ira y la tristeza. Esa desconexión con las propias emociones puede ser el resultado de acontecimientos negativos, especialmente los que tuvieron lugar en la infancia, que enseñaron a una persona a apagar sus sentimientos. Pero, al distorsionar o negar nuestros sentimientos, no podemos eliminarlos. Todavía están dentro de nosotros, los conozcamos o no.

¿Qué relación tiene usted con sus emociones?

- ¿Sus sentimientos "trascienden", como si cambiaran de un nivel emocional a otro? Cuando tiene un cambio de emociones, ¿lo siente, siente cómo cambia su estado?

- ¿Sus emociones van acompañadas de respuestas que experimenta en el estómago, el pecho, la garganta o el cuerpo (por ejemplo, un nudo en la garganta, opresión en el pecho, cambio de apetito o piel de gallina, etc.)?

- ¿Experimenta emociones ocultas (ira, tristeza, miedo, alegría), cada una de las cuales es evidente en las sutiles expresiones de su rostro?

- ¿Puede usted experimentar sentimientos intensos que sean lo suficientemente fuertes como para captar tanto su atención como la de los demás?

- ¿Presta atención a sus emociones? ¿Influyen en la toma de decisiones?

Si usted no está familiarizado con alguna de estas experiencias, sus emociones pueden disminuir o apagarse. Para estar emocionalmente sano y ser emocionalmente inteligente, debe reconectarte con sus emociones centrales, aceptarlas y sentirse cómodo en esta interacción con ellas. La comprensión emocional puede ser estudiada en cualquier momento de la vida. Si no sabe cómo manejar el estrés, es importante empezar con esto. Cuando domine esta habilidad, le será mucho más fácil recuperar el contacto con su mundo emocional. Le será mucho más fácil transferir emociones fuertes o desagradables e incluso cambiar la forma en que se siente y responde a ellas.

Lección de habilidad 3 - Cómo aprender la comunicación no verbal

Para ser un buen conversador, se necesita mucho más que la habilidad de hablar maravillosamente. Además, muy a menudo, la forma de hacer una declaración es más importante y se nota más que la declaración misma. Los signos no verbales que usted representa para el interlocutor son de gran importancia: el tono de voz, las expresiones faciales, los gestos, la posición del cuerpo (en qué posición está, sentado o de pie, qué tan cerca está del interlocutor), qué tan rápido (lento) o qué tan fuerte (tranquilo) habla, y si mira a los ojos de la persona con la que está hablando. Para asegurarse de mantener la atención de los demás y establecer relaciones de confianza con ellos, debe conocer y controlar su lenguaje corporal. También debe ser capaz de leer y responder con precisión a los mensajes no verbales que le envíen otras personas. Estos mensajes no se interrumpen cuando una persona deja de hablar. Incluso cuando usted está en silencio, sigue comunicándose de forma no verbal.

Piense en lo que está transmitiendo y cómo lo que transmite está relacionado con lo que siente. Si insiste en que todo está bien con usted, y al mismo tiempo aprieta los dientes y mira hacia otro lado, su cuerpo claramente señala lo contrario, que usted no está bien. Sus mensajes no verbales pueden dar la impresión de interés, confianza, emoción —o miedo, confusión, desconfianza y desinterés.

¿Quiere mejorar su comunicación no verbal? El éxito en esta área depende de su capacidad para controlar el estrés, reconocer sus propias emociones y comprender las señales que envía y recibe. Cuando conversa:

• Concéntrese en su compañero de conversación. Si, en lugar de concentrarse en él (o ella), está absorto en pensamientos sobre qué decir a continuación, sueña despierto, o reflexiona sobre otra cosa, entonces asegúrese de que no perderse los mensajes no verbales y otras sutilezas de la conversación;

• Haga contacto visual. Mire a los ojos de la persona con la que está hablando, solo mirando periódicamente a otro lado durante unos segundos para no causar tensión al mirar fijamente. El contacto visual puede transmitir interés, apoyar la conversación y ayudar a entender la respuesta de la otra persona y su reacción a sus palabras; y

• Preste atención a las señales no verbales que envía y recibe, como las expresiones faciales, el tono de voz, la posición del cuerpo, los gestos y el ritmo de la conversación.

Lección de habilidad 4 - Cómo usar el humor y juegos para enfrentar los desafíos

El humor, la risa y el juego son antídotos naturales para las dificultades de la vida. Ayudan a aliviar la carga y a ver algo bueno en lo que está sucediendo y a encontrar la esperanza de que será mejor en el futuro. El chiste ayuda a ver el problema desde otro ángulo; hace más fácil tratarlo. Se ha demostrado que reírse honestamente reduce el estrés, mejora el estado de ánimo y devuelve el sistema nervioso a un estado de equilibrio. La comunicación divertida y juguetona hace que la relación sea más animada. Y en general, el humor expande el alcance de la inteligencia emocional, ayudándonos a:

• Superar los obstáculos y hacer frente a las dificultades. Con sentido del humor, nos permitimos considerar la frustración desde una nueva perspectiva; la risa y el juego nos permiten sobrevivir a períodos de irritación, tiempos difíciles, retrasos en asuntos importantes, y barreras inesperadas a la meta;

• Limar asperezas. Utilizando un lenguaje humorístico, podemos expresar fácilmente lo que de otro modo no sería posible sin ese humor;

• Simultáneamente relajarse y estimularse a sí mismo. La comunicación con el elemento del juego reduce la fatiga y relaja el cuerpo, lo que nos permite "recargar las pilas"; y

• Mostrar la creatividad. Relajándonos, nos liberamos del estilo de pensamiento inerte, permitiendo que nuestros pensamientos traigan ideas inesperadas y frescas, y que nosotros mismos veamos las cosas de una manera nueva.

No es tan difícil desarrollar la habilidad de comunicarse fácilmente, mientras se es divertido y animado. Y lo más importante, nunca es demasiado tarde para que la conversación se convierta en risa. Nunca es demasiado tarde para ver por sí mismo o para mostrar a los demás su lado juguetón, alegre y humorístico. Para esto necesita, en primer lugar, practicar más a menudo: cuanto más bromee y ría, más fácil será. Segundo, necesita encontrar acciones agradables que le relajen y le ayuden a expresar su naturaleza juguetona. Y por último, una buena manera de practicar es jugando con animales, niños pequeños y gente que valora las bromas juguetonas.

Lección de habilidad 5 - Cómo resolver positivamente los conflictos

Los conflictos y desacuerdos son inevitables en una relación. Dos personas no siempre pueden tener las mismas necesidades, opiniones y expectativas. Sin embargo, uno debe entender que esto es normal. Conseguir la resolución de cualquier asunto de forma positiva y sin dañar a ninguna de las partes ayuda a desarrollar la confianza entre ambas partes. Tan pronto como se considere que la resolución no es una amenaza o que restringe las libertades, entonces se desarrolla la creatividad y la seguridad en las relaciones. La capacidad de manejar los conflictos de una manera positiva y que genere confianza se apoya en las cuatro habilidades anteriores de la inteligencia emocional. Una vez que entienda cómo manejar el estrés, ser consciente emocionalmente, comunicarse de forma no verbal y usar el humor y el juego, tendrá inmediatamente los medios para lidiar con situaciones negativas cargadas emocionalmente, así como para identificar situaciones potenciales de conflicto y descargarlas antes de que exploten.

Hay varias formas de resolver los conflictos de manera que se fortalezcan las relaciones y se cree confianza entre las partes involucradas:

- Manténgase enfocado en el presente. No se aferre a viejos agravios y resentimientos. Esto le ayudará a aceptar la realidad, a comprender la esencia de la situación, y no solo a resolverla, sino también a considerarla como una forma de deshacerse de viejos sentimientos innecesarios o conflictivos.

- Elija sus argumentos. Los argumentos para resolver un conflicto requieren tiempo y energía, especialmente si quiere resolverlo de forma positiva. Determine qué vale la pena discutir y qué no vale la pena el esfuerzo.

- Adiós. Lo pasado, pasado está. Dejemos que el comportamiento hiriente de los demás permanezca en el pasado. Para conseguir una resolución adecuada, primero debe abandonar el deseo de castigar y vengarse.

- Detenga los conflictos que no pueden ser resueltos. Tales conflictos animan a la gente a seguir discutiendo sin cesar. Es fácil distinguir un conflicto así: el debate sigue y sigue, las pasiones se calientan, y se entiende que no se puede arreglar nada. Nadie convencerá a nadie. El objetivo de la disputa no es la búsqueda de la verdad, sino el conflicto en sí mismo, y con el tiempo, todo solo empeorará. Si se ve arrastrado a un conflicto que no puede ser resuelto, salga de él. Aléjese, deje de discutir, y deje de probar, deje de refutar, incluso si todavía está en desacuerdo con la opinión del oponente.

Los siguientes capítulos tratan un curso práctico sobre el manejo de los sentimientos y las emociones. Al comprenderlos, desarrollará su competencia emocional y reaccionará mejor a las situaciones. También se re-cablea para entender las emociones de los demás y ser una mejor versión de usted mismo.

Capítulo 5: Amplificador de las emociones de alegría - Un recurso que está siempre con usted

"Hay tres trampas que roban la alegría: el arrepentimiento por el pasado, la ansiedad por el futuro y la ingratitud por el presente". - Osho

¿Se puede decir que hay mucha alegría ahora? El control excesivo, el resentimiento, las malas condiciones de trabajo, la falta de dinero, la enfermedad, la dependencia, la decepción, la pérdida, etc., todo esto impide que una persona moderna experimente la alegría. Como puede ver, hay muchas razones para esto.

Según las estadísticas, para el 70% de las personas, el motivo para experimentar alegría, por desgracia, es mucho más débil que el motivo para evitar el dolor. Como regla, la gente no va *a* algo, sino *desde* algo. No van al médico para estar sanos, sino para dejar de experimentar dolor. En el libro "La Ventaja de la felicidad", Shawn Achor destaca varios, en mi opinión, valiosos pensamientos sobre este tema.

- Un gran número de estudios modernos demuestran que la felicidad precede a los indicadores materiales de prosperidad.

- Cuando somos felices, cuando nuestro estado y humor es positivo, entonces somos más inteligentes, más motivados, y por lo tanto más exitosos. La felicidad está en el centro, y el éxito gira en torno a ella.

- Un cerebro positivo tiene ventajas biológicas sobre un cerebro que está en un estado neutral o negativo. Este principio enseña cómo preparar nuestros cerebros para capitalizar las emociones positivas y aumentar la productividad y el ingenio rápido.

La alegría es una de las emociones positivas más importantes. Está en el corazón de la satisfacción, el placer y la felicidad. La alegría es una motivación positiva intrínseca. Si anticipamos la recepción de la alegría, la acción será motivadora para nosotros.

En mi experiencia, como niño, fui un niño muy alegre. Recuerdo cómo me divertía y me regocijaba en cualquier ocasión. En algún momento, la cantidad de alegría interior comenzó a disminuir. Más bien, ni siquiera le presté atención inmediatamente. La vida comenzó a crecer con problemas, metas y tareas. «Probablemente los adultos no son muy felices» pensé. «¡Qué tontería!» Estas palabras me las repitió literalmente en la ciudad de Denver un viejo sabio cuya vida había sido muy dañada. Han pasado cinco años desde ese encuentro, y todavía recuerdo su profunda mirada infantil y una sonrisa infantil sincera. Luego dijo—: Si nos encontramos con problemas, entonces nosotros mismos podemos encontrar la felicidad.

En una encuesta de Harvard Crimson de 2004, cuatro de cada cinco estudiantes de Harvard se deprimen al menos una vez durante su año escolar, y casi la mitad están tan deprimidos que no podían funcionar correctamente. Esta epidemia de infortunio no es exclusiva de Harvard. Al mismo tiempo, las cosas son diferentes en el pueblo pobre de Soweto en Sudáfrica. Los investigadores visitaron una escuela situada cerca de los barrios bajos, donde no hay electricidad ni agua corriente. Uno de los investigadores hizo la pregunta—: ¿A cuál de los aquí presentes le gusta hacer sus deberes? —le pareció que una aversión universal a los deberes los uniría. Pero, para su sorpresa, el 95% de los estudiantes levantaron sus manos y comenzaron a sonreír con sinceridad y entusiasmo.

Más tarde, en broma le preguntó al director por qué los niños de Soweto son tan raros—. Lo ven como un privilegio—respondió—. Un privilegio que muchos de sus padres no tienen. —(Del libro de Shawn Achor "La ventaja de la felicidad").

Alegría, Flujo, Movimiento

En la psicología moderna —relacionada con el éxito— se pueden encontrar referencias a la necesidad de entrar en un estado de flujo. Esta condición libera un enorme potencial de recursos y energía en una persona. En este estado, una persona es capaz de mostrar la mayor eficiencia laboral en combinación con satisfacción. El flujo de alegría que generamos comienza a llevarnos por la vida, atrayendo las circunstancias necesarias para el éxito.

La causa biológica de la alegría

La alegría se refleja en nuestro cuerpo y en nuestra salud. Esta emoción es extremadamente beneficiosa, al igual que las vitaminas. Cuando experimentamos alegría, todos los órganos de nuestro cuerpo funcionan fácil y libremente. En un estado de alegría, con una respiración profunda, el corazón bombea la sangre con toda su fuerza, así que el oxígeno y los nutrientes llegan libremente a todos los rincones de nuestro cuerpo. La emoción de la alegría tiene un efecto estimulante en nuestra inmunidad, que ayuda a superar las enfermedades e incluso a reparar los tejidos corporales dañados.

Los estudiantes de la facultad de medicina de la Universidad de Bar-Ilan, junto con el estudio de disciplinas especializadas, dominan el arte de los payasos. No estamos hablando de actuaciones en el circo o en el escenario. Los futuros médicos tienen la obligación de estudiar el llamado "payaso médico". Los payasos médicos aparecieron en los pabellones de los hospitales israelíes hace unos diez años. Al principio, eran actuaciones espontáneas de artistas frente a niños enfermos, pero poco a poco el payaso médico se convirtió en una profesión. Con el tiempo, los médicos empezaron a notar que además de un buen estado de ánimo, los pacientes mejoran sus indicadores médicos y en muchos casos: la recuperación es más rápida de lo habitual.

Razón social de la alegría

¿Qué le sucede a la gente cuando experimenta la alegría de comunicarse con los demás? Naturalmente, se acercan más y su relación se armoniza. Si una sonrisa aparece en el rostro de una persona, para otra se convierte en una señal de evaluación positiva y aceptación. Así comienza la amistad, el amor, la cooperación. Normalmente, la gente no se siente atraída por personas severas y malhumoradas, a menos que, por supuesto, tengan lo que realmente necesitas.

Además, una sonrisa le dice a una persona que usted está bien. Que está sano, feliz y exitoso. Una persona alegre atrae la atención y provoca el deseo de comunicarse con ella. Este es un componente importante para establecer relaciones de negocios. Un vendedor que no sabe sonreír nunca logrará un gran éxito en el comercio.

Al mismo tiempo, la alegría es un poderoso motivador para alcanzar metas. La emoción de la alegría es un premio que una persona podrá recibir cuando alcance un determinado resultado. Si no se espera la alegría, entonces el deseo de alcanzar la meta es generalmente pequeño. Por eso la combinación de "alegría del proceso" y "alegría del resultado" le da a la persona la mayor motivación. Este es el estado de la corriente.

La razón esotérica de la alegría

«La alegría debe ser compartida; al compartirla, se alivia de la carga. Cuando la comparte, se abren nuevas fuentes en usted, corren nuevas corrientes. Este deseo de compartir la alegría es el amor. Por lo tanto, una cosa se debe recordar: no puede amar hasta que tenga alegría». - Osho

Como la emoción de la alegría es una de las siete emociones básicas, su edad condicional es de unos 50 millones de años. Y esto significa que todavía era inherente a nuestros antepasados. Naturalmente, esta poderosa energía, encerrada en la emoción de la alegría, tenía su fundamento en fuentes religiosas y esotéricas. Según las crónicas eslavas, la palabra alegría consiste en partes de "Ra" y "acceso", cada una de las cuales está dotada de un significado especial.

"Ra" es el dios del sol en las culturas antiguas.

"Acceso" viene de "dar", "recibir" y "riqueza".

Nuestros ancestros atribuyeron las emociones de alegría a la naturaleza divina, y permanecer en esta emoción era un componente importante para servir a los poderes superiores. La alegría de las "buenas noticias" y el gozo de servir a Dios fueron vistos a menudo como las principales características del cristianismo.

Placer, felicidad y alegría

El placer es fisiológico; la alegría es psicológica. El placer tiene una naturaleza corporal, animal. La alegría es más sutil. Podemos decir que el placer es el nivel más bajo de alegría, y la alegría es el nivel más alto de placer.

Cuando tenemos hambre, la absorción de comida nos da placer, pero no necesariamente causa alegría. Si cena en su restaurante favorito, come su plato favorito, entonces su placer será probablemente muy grande. Si al mismo tiempo, está rodeado de una agradable compañía, entonces esta circunstancia y los eventos relacionados pueden causarle alegría.

Los beneficios de la emoción de la alegría

Para aumentar la cantidad de alegría en cada día, debe haber una buena razón. De hecho, cualquier cambio debe ser rentable.

Beneficio nº. 1: Al sentir alegría, nos sentimos más seguros de nosotros mismos.

Beneficio nº. 2: Al sentir alegría, añadimos sentido a la vida y la sensación de que no vivimos en vano.

Beneficio nº. 3: Al sentir alegría, nos sentimos necesarios y deseables.

Beneficio nº. 4: Al sentir alegría, nos sentimos satisfechos con nosotros mismos y con el mundo.

Beneficio nº. 5: Al sentir alegría, experimentamos fuerza y estamos dispuestos a superar cualquier dificultad.

Beneficio nº. 6: Al sentir alegría, nos centramos en las cualidades positivas de una persona.

Beneficio nº. 7: Al sentir alegría, sentimos una profunda conexión con el mundo.

Beneficio nº. 8: Al sentir alegría, añadimos vida a nuestro día a día.

Beneficio nº. 9: Al sentir alegría, mejoramos nuestra salud y bienestar.

Beneficio nº. 10: Al sentir alegría, realmente disfrutamos y admiramos el mundo.

Broma: Los científicos han descubierto que el color naranja libera emociones, aumenta la autoestima y es un excelente antidepresivo. Un billete de 100 dólares tiene las mismas propiedades de estimulación de emociones.

Gestión de la alegría

Existen dos maneras de fomentar el surgimiento de la alegría:

Método 1 - Permitir que la alegría en usted se manifieste. Por regla general, esto se logra mediante la práctica de varias meditaciones, en las que es posible detener el flujo interno de pensamientos.

Formule la tarea de meditación, por ejemplo: "Deseo fortalecer el sentimiento de alegría en mi vida y fortalecer la determinación". Le pido que no sea escéptico sobre la meditación. Una vez la percibí como algo extraño y artificial. Mi experiencia ha cambiado radicalmente mi actitud hacia las meditaciones, y las he estado practicando de varias formas varias veces a la semana durante muchos años.

La meditación (de la palabra latina "meditari") es un tipo de ejercicio que utiliza la concentración en la respiración o un mantra para despejar la mente y alcanzar un estado elevado de calma interior, y con fines de salud para desarrollar el control sobre los pensamientos y las emociones.

Imagínese a usted tumbado en un prado. Muchas flores hermosas crecen a su alrededor, las copas están abiertas hacia el sol, y una ligera y cálida brisa lleva su agradable aroma. Respire con calma, sienta la unidad con el prado, las flores y el canto de los saltamontes. Mire el cielo azul con nubes mullidas, imagínese tan ligero como ellas, despegue de la tierra y nade hacia arriba, hasta el cielo azul y el cálido sol brillante. Cuando se acerque al sol de manera que solo usted y el sol estén en todo el cielo, deténgase e imagine que un rayo de luz solar se extiende desde el sol hacia usted y entra en la zona del plexo solar, situado en la parte posterior de su abdomen superior. Deje que los sentimientos de alegría, optimismo, vitalidad y determinación vengan dentro de usted junto con el rayo amarillo-dorado. Imagine una bola de luz dorada creciendo en el área del plexo solar.

Método 2 - Crear las condiciones para la aparición de la alegría. El famoso escritor Ray Bradbury encontró que las personas socialmente activas, cuya experiencia emocional es muy diversa, a menudo experimentan emociones positivas. Un alto nivel socioeconómico, que ayuda a evitar la monotonía de la vida, también afecta positivamente a las emociones positivas. Sin embargo, Bradbury señala que el dinero y el estatus social pueden contribuir a la alegría, pero no son capaces de eliminar la tristeza. ¿Qué conclusión se puede sacar de esto? Más eventos traen más razones para la alegría.

Si resumimos los estudios de varios especialistas en el campo de la inteligencia emocional y la psicología de las emociones, podemos distinguir una lista general de factores de alegría:

1. Comer.

2. Las relaciones interpersonales y las relaciones sexuales.

3. Comportamiento de las deudas.

4. Ejercicio físico y deportes.

5. Éxito y aprobación social.

6. Aplicación de habilidades.

7. Música, otras formas de arte.

8. El clima y la naturaleza.

9. Descanso y relajación.

10. Pensamientos sobre seres queridos u otras personas le aceptan, que le necesitan, que puede darles algo.

11. Pensamientos sobre el bienestar futuro.

12. Pensamientos sobre eventos agradables y felices.

13. Pensamientos sobre una persona específica o una actividad específica.

14. Pensamientos sobre ciertas acciones de otras personas.

15. Pensamientos sobre sus habilidades y sobre su éxito.

16. El sentimiento de ser aceptado, necesitado, que puede dar algo a otras personas.

¿Qué es la felicidad?

Casi todo el mundo comienza a describir las condiciones para que ocurra la felicidad, y muy pocas personas hablan de la experiencia emocional de la felicidad. En mi opinión, la felicidad es un estado de alegría silenciosa de trasfondo. La alegría silenciosa de trasfondo da una clara comprensión del significado, la gratitud y la aceptación de todo lo que sucede. Este es el punto desde el cual se miden las desviaciones emocionales. Con el trasfondo de la alegría silenciosa, podemos experimentar una variedad de sentimientos, mientras mantenemos una profunda conexión con nosotros mismos y con el mundo. La verdadera felicidad es la alegría silenciosa de trasfondo, y no el éxtasis eufórico.

Para resumir:

1. ¿Qué causa la alegría en su vida diaria?

2. ¿Qué es lo que puede desencadenar su alegría?

3. ¿Qué cree que puede bloquear el flujo natural de su alegría?

4. ¿Qué beneficios puede obtener del aumento de la alegría?

5. ¿De qué manera, en base a la información estudiada, piensa aumentar la cantidad de alegría en su vida?

Capítulo 6: Manejo de la ira - Resistencia emocional en el conflicto

"El más sabio es el que sabe subordinar sus sentimientos a los dictados de la razón. Tanto un tonto como el otro pueden enojarse, pero un tonto, cegado por la ira, se convierte en su esclavo. En el calor de la ira, él mismo no sabe lo que hace, y todas sus acciones lo convierten en malvado". - Proverbio egipcio.

Probablemente ningún otro tema psicológico tiene tanto interés y entusiasmo como el del manejo de la ira. "Necesitas ver a un psicólogo" o "¡Ve a buscar tratamiento médico!" es la receta habitual para una persona que tiene problemas con los sentimientos de ira. Pero en serio, pasemos a las estadísticas:

• Según las estadísticas del Ministerio del Interior, el 90% de los asesinatos se cometen en estado de pasión. Este es un estado en el que una persona está controlada por sus emociones, y no se da cuenta de lo que está haciendo.

• Según las estadísticas, cada persona pasa alrededor del 10% de su vida experimentando ira. ¿Es realmente así? Sin embargo, la mayoría de los crímenes se cometen precisamente en el calor de la pasión, que es precedido por la ira.

La emoción de la ira es un legado que heredamos de nuestros antepasados. La agresión de una forma u otra es inherente a todos los animales, incluso en una plácida mascota hámster. Este es el nivel básico de instinto que ayuda a la mente a sobrevivir, a protegerse a sí misma y a su descendencia, y a someterse a la selección natural.

Fuente de la ira permanente

La ira es un temperamento, una tendencia a enfurecerse. Si una persona experimenta ira, esto sugiere que no satisface algunas de sus necesidades importantes. En el diccionario Oxford Roald Dahl, "ira" se interpreta como un sentimiento destructivo que da a una persona mucha energía. La energía negativa comienza a sobrepasar el límite, estrechando la conciencia y una adecuada percepción de la realidad. Como sabe, hay fuentes más que suficientes para la ira en el mundo que nos rodea, porque las necesidades crecen rápidamente, y las posibilidades de satisfacerlas no son muy buenas. Es por eso que la ira es una ocurrencia común en la sociedad moderna.

Tal vez en ningún otro estado una persona se siente tan fuerte y valiente como en un estado de ira. En la ira, una persona siente que su sangre hierve, su cara arde y sus músculos están tensos. Un sentido de auto-fuerza lo impulsa a correr hacia adelante para atacar al ofensor. Y cuanto más fuerte es su ira, mayor es la necesidad de acción física, más poderosa y enérgica se siente una persona.

Tres causas de la ira

La ira es una consecuencia de necesidades insatisfechas. El "permiso" interno para expresar la ira le da a esta emoción una "luz verde" para salir. Por lo tanto, es necesario el control sobre ella desde el primer momento de su aparición. Enfatizo dos puntos aquí: la ira sale si se permite, y el control es necesario desde los primeros segundos de su aparición.

Razón nº. 1: La ira es una reacción al dolor. Es una reacción programada, que ha sido llevada por la evolución al automatismo.

Razón nº. 2: La ira es una continuación de los sentimientos primarios. Sentimientos como el miedo, la tristeza y la culpa pueden ser la causa principal de la ira.

Razón nº. 3: La ira es una consecuencia de la evaluación dada a una situación. Si define una situación como injusta o contraria a sus valores, la ira surge.

La función positiva de la ira

Debido a que las necesidades insatisfechas son la causa de la ira, esta ayuda a satisfacer esas necesidades. Es decir, la ira es la liberación de energía emocional para movilizar a una persona para que logre un resultado.

Por ejemplo, según mi experiencia, me enfado mucho cuando tengo hambre. Durante mucho tiempo, no pude perdonarme por esto, pero después de hablar con otras personas, me di cuenta de que esta es una condición común. Ahora estoy seguro de que una persona que experimenta hambre se enfurece, y esto es normal. Esta ira era necesaria para que nuestros antepasados pudieran ir a cazar y conseguir comida para ellos y sus familias. Otro punto es que esta energía en el mundo moderno no es tan demandada como la de nuestros antepasados. El mundo se ha vuelto diferente, y necesitamos aprender a dirigir esta energía hacia un canal constructivo. Personalmente, ahora siempre tengo algo para comer a mano.

Cinco reglas para el manejo de la ira

"La ira es el principio de la locura". - Marco Tulio Cicerón.

El tema del manejo de la ira es cuestión de tener las creencias y herramientas adecuadas para ayudar a regular este sentimiento. Si la ira es "tragada", se transforma en resentimiento, irritación, apatía y otros sentimientos negativos. También pueden producirse enfermedades psicosomáticas como la hipertensión o la diabetes mellitus, dos de las enfermedades más comunes asociadas con la supresión de la ira. Por lo tanto, suprimir la ira o tragársela no es la forma más útil de interactuar con ella.

Regla número 1 - Decida tomar el control de su ira.

Al aceptarla, le da una señal a su inconsciente para que aprenda a lidiar con esta emoción. A nivel consciente, reconoce el hecho de que no puede lidiar con la ira y necesita ayuda.

Regla número 2 - Fortalezca su autoestima.

Considere cualquier ataque en su dirección con interés como información útil para el pensamiento. El ejercicio es una excelente prevención, gracias a la cual aprende a soportar el dolor y a recibir un golpe.

Regla número 3 - Aprenda a reconocer los presagios de la ira.

Estos son faros que indican que está entrando en una zona de peligro para usted. Tenga cuidado cuando esté molesto. Puede ser tensión en el abdomen, aumento del ritmo cardíaco, mandíbulas apretadas, etc.

Regla número 4 - Aprenda a reinterpretar los eventos que le ocurren.

Si interpreta la situación como una amenaza, una falta de respeto o una injusticia, la ira se encenderá automáticamente. Lo importante no es lo que nos sucede, sino cómo lo interpretamos.

Regla número 5 - Reduzca sus expectativas de los que le rodean.

Trate de decirse a sí mismo más a menudo que otras personas no están aquí para cumplir sus expectativas. Un gran número de problemas se derivan de nuestra creencia de que todo debe ser como queremos; e inmediatamente. Junto a usted en este planeta viven otros siete mil millones de personas, y este hecho debe ser tomado en cuenta.

Tecnología para el manejo de la ira

En mi experiencia, durante una capacitación que se dedicó a trabajar con la ira y la rabia, uno de los participantes dijo que la ira le abruma por completo, y se vuelve incapaz de controlarse a sí mismo. Recientemente salió del coche y pateó la ventana lateral a un conductor que le "cortó" el paso del coche en una curva. Comprenda que esa reacción es anormal y puede tener tristes consecuencias para él y para los demás. Empezamos a investigar este tema y llegamos a discutir sus creencias. Resulta que su valor dominante es: la justicia. Impone un filtro de "justicia" en todas las esferas de la vida y se guía por ella, utilizándose a sí mismo como guía. Se asignó secretamente la función de guardián y defensor de la justicia. Cada vez que, en su opinión, se viola la justicia, una enorme dosis de energía se derrama en su cuerpo para restaurar la verdad rota.

Paso número 1 - Reconocer internamente que está enfadado. Dándose cuenta de la emoción, tomamos el control de la misma. La emoción inconsciente comienza a controlarnos.

Paso número 2 - ¡Deténgase por diez segundos! Respire profundamente. Este simple método ayudará a aliviar la tensión y a restaurar la respiración. La ira tiende a aumentar el ritmo de la respiración. Y si no se detiene en la etapa inicial de "irritación", entonces será muy difícil hacerlo. Como resultado de la "pausa", se obtiene un tiempo valioso para tomar la decisión correcta en la situación.

Paso número 3 - Póngase en el lugar de la persona que le causó la irritación. Manejar la ira es, en muchos sentidos, el arte de la compasión. Intente comprender la posición y el comportamiento de la otra persona con sinceridad. La base de cualquier acción es un motivo positivo. El deseo de entender y aceptar de dónde viene la otra persona le ayuda a sentir compasión. La compasión le da una ventaja emocional y confianza.

Paso número 4 - Ahora piense en la mejor solución en esta situación. Pregúntese: ¿cuál es la mejor solución y acción ahora? ¿Qué resultado quiero obtener con esta reacción? A veces el humor y una broma apropiada ayudarán a calmar la situación.

Paso número 5 - Sugiera una solución o tome una acción. Sea lo más consciente posible en el momento. No se rinda ante posibles provocaciones y ataques emocionales hacia usted. Usted ha tomado el control de la ira, y ahora necesita mantenerla en un marco controlado. Hable con calma y confianza. Esto fortalecerá su control sobre la ira y debilitará la ira del otro interlocutor.

Tengo malas noticias: la agresión en las relaciones continuará. Lo que se ha estado formando durante millones de años no desaparecerá inmediatamente. Ciertamente se producirán interrupciones, pero cada vez con menos frecuencia. No se apresure y no se reproche por los fracasos. Muchas personas han cambiado radicalmente sus vidas, habiendo aprendido solo tres o cuatro de las técnicas de manejo de la ira que describí, incluyéndome a mí mismo. Y usted puede.

Y ahora las buenas noticias: podemos desarrollar meta-atención y aprender a debilitar las reacciones instintivas, reemplazándolas por formas de comportamiento humanizado.

Para resumir:

1. ¿Qué problemas suele experimentar debido a la ira incontrolable?

2. ¿Qué es lo que desencadena su ira?

3. ¿Qué métodos para controlar su ira ha probado?

4. ¿Cuál de las cinco reglas descritas anteriormente causó la mayor respuesta en usted?

5. ¿Cuál de los cinco pasos de control de la ira le resultará fácil y en cuáles tendrá que trabajar?

Capítulo 7: Manejo del miedo, y cómo desarrollar el coraje

"El miedo es el asesino de la mente. El miedo es la pequeña muerte que trae la destrucción total. Enfrentaré mi miedo. Permitiré que pase sobre mí y a través de mí. Y cuando haya pasado, giraré el ojo interno para ver su camino. Donde el miedo ha pasado no habrá nada. Solo yo permaneceré". - Frank Herbert.

¿Cree que la vida es posible sin miedo?

El miedo es una de las siete emociones básicas; tiene una función de retención y se basa en el instinto de autoconservación. Sin embargo, cuando este miedo comienza a dominar otras emociones, hace que sea difícil hacer las cosas y en general disfrutar de la vida. En este momento, no es usted, sino sus miedos los que son los maestros de la vida.

Si revisa una guía médica detallada, podrá encontrar unas 500 variedades de fobias que son diagnosticadas como desórdenes mentales. En el corazón de todas las formas de miedo está el miedo a la muerte. Las fobias son miedos exagerados que no están basados en el sentido común. Según varias fuentes, alrededor del 9% de la población del planeta mayor de 18 años sufre de varias fobias.

La fuente de los miedos y preocupaciones básicas se origina en la infancia. Al nacer, solo funcionamos por instinto, con cuerpos vulnerables y un cerebro poco desarrollado. En la infancia, estamos muy influenciados, nuestra confianza es insuficiente, y la autoestima se basa en la opinión de las personas mayores. El período hasta los siete años de edad es el más importante para la formación de las creencias, con las que luego tenemos que vivir toda nuestra vida. Es aquí donde se establecen los cimientos básicos del miedo.

Manejo del miedo

En 1949, Egas Moniz recibió el Premio Nobel por su trabajo en el campo de la fisiología y la medicina relacionada con una lobotomía. Descubrió que la eliminación del lóbulo prefrontal del cerebro elimina el miedo en una persona. Sin embargo, esta área tiene una función especial: nos ayuda a presentar posibles escenarios. Este descubrimiento hizo posible que nos diéramos cuenta de que nuestros miedos son causados por la habilidad de visualizar el futuro mentalmente. Gracias a esto, prevemos los posibles peligros y finalmente nos damos cuenta de que un día moriremos. A partir de esto, Egas Moniz concluyó que no pensar en el futuro significa disminuir la ansiedad de uno.

Incluso cuando no tenemos miedo, podemos ser perseguidos por la expectativa de una posible amenaza, lo que también causa miedo. Y salir de este círculo vicioso no es tan simple. Esta es la razón por la que la mayoría de la gente vive como si nunca fuera a morir, pero muere como si nunca hubiera vivido.

Precaución: la siguiente es una lista de desencadenantes emocionales que pueden socavar su sentido de seguridad interior:

1. El mundo está lleno de peligros.

2. La gente es malvada y peligrosa.

3. La gente quiere lastimarme y perjudicarme.

4. La gente quiere usarme para sus propios fines.

5. Si no estoy en alerta todo el tiempo, la gente podrá usarme y dañarme.

6. No puedo protegerme.

7. No puedo cuidarme a mí mismo.

8. No puedo resistir las presiones que otras personas ejercen sobre mí.

9. Tengo miedo de decir que no.

10. Siempre espero que me pase algo terrible.

¿Reconoció algo que usted piensa? Si es así, no se apresure a justificarse. Tenga un poco más de paciencia, hasta las últimas preguntas al final de esta capacitación.

Anécdota: Toda persona normal debería tener miedos arrastrados desde la infancia. De lo contrario, los psicólogos se quedarían sin trabajo.

Solo cuando se encuentra cara a cara con el miedo, puede derrotarlo. En todos los demás casos, el miedo se convierte en el ganador. Nuestra tarea es subyugar el miedo a nosotros mismos y ponerlo al servicio de nuestros objetivos. Reconocer su miedo no es una debilidad. Es valentía. Creo que el miedo a reconocer y expresar nuestro miedo es una de las razones por las que lo llevamos a un nivel subconsciente.

Sentido de seguridad interior

La sensación de seguridad surge principalmente desde el interior. Desafortunadamente, la mayoría de la gente está convencida de que la seguridad es algo externo. Durante mucho tiempo, todos creímos que los aspectos materiales eran sinónimos de seguridad: mucho dinero, trabajo constante y fiable, relaciones estables, etc.

Su verdadera seguridad es un conocimiento inquebrantable: pase lo que pase, usted tiene todo lo que necesita para cumplir todos sus deseos y transformar para mejor todo lo que no es deseable, teniendo en cuenta todas sus verdaderas necesidades. Como resultado, siempre mantiene la confianza, porque sabe que siempre hay una solución para todo.

Para aprender a enfrentar el miedo, no es necesario analizar profundamente su causa. Esto agravará aún más la situación. Al contrario, es necesario centrarse en el sentimiento polar, es decir, en el desarrollo del coraje. El miedo y el coraje son reacciones que una persona puede y debe controlar. El coraje es la misma habilidad que cualquier otra. Puede ser desarrollado trabajando sistemáticamente en sus miedos y usando técnicas especiales para aumentar el coraje.

He llevado a cabo varios programas de entrenamiento para el manejo del miedo. Y en mi experiencia, cada vez, vi el mismo guión. Los tíos y tías adultos llevan los miedos de los niños dentro de sí mismos. El método que uso a menudo es trabajar con el cuerpo. El hecho es que todos los miedos se asientan en nuestro cuerpo en forma de "abrazaderas" corporales. Cuando encontramos estas abrazaderas, y con la ayuda de ejercicios especiales, las amasamos.

El miedo debe ser visualizado, descrito, como se ve, como se apega a la psique. Además, es necesario decir adiós a este miedo. Uno de los participantes se despidió de su miedo ante una multitud de personas. Para ello, durante el entrenamiento, creamos una multitud de personas para él, cada una de las cuales dijo su nombre. Esta metáfora de grupo le ayudó a verse a sí mismo como parte integral de la sociedad, a aceptar su comunidad con la gente, y el valor del contacto.

Tecnología del coraje

Broma: De niño, tenía miedo de la oscuridad. Ahora, cuando veo mi factura de electricidad, tengo miedo a la luz.

Paso número 1: Acepte su miedo. Uno debe aceptar la idea de que el miedo es una reacción natural a una nueva o potencialmente peligrosa acción. Dígase a sí mismo: "¡Sí, ahora tengo miedo!". De esta manera, puede tomar su miedo bajo control primario y detener su desarrollo.

Paso número 2 - Hágase tres preguntas:

1. ¿Por qué este miedo es dañino para mí?

2. ¿Cómo es este miedo útil para mí?

3. ¿Cuál será mi recompensa si venzo este miedo?

Paso número 3 - Tome una decisión para superar su miedo. Donde hay confianza y determinación, el miedo retrocede. Necesita saber firmemente por qué necesita superar su miedo.

Paso número 4 - Entrene su coraje. Primero, escriba en un papel todo lo que le da miedo, entonces:

• Divida estos miedos en tres categorías: fuerte, medio y débil.

• Identifique qué miedos de esta lista son buenos para usted y cuáles son malos.

• Comience por superar los miedos débiles y dañinos. Los útiles no necesitan ser tocados; los necesitamos para sobrevivir.

• Enfrente sus miedos débiles y dañinos todos los días. Rastree este sentimiento en usted y tome medidas para superarlo. ¡Incluso un pequeño avance ya es una victoria!

• Después de superar el miedo, agradézcase a sí mismo por esta victoria.

Poco a poco, como en el gimnasio, aumentando el peso de la mancuerna, aprenderá a superar miedos más poderosos y dañinos. Como resultado de este trabajo, usted desarrollará un coraje interior y una sensación de seguridad emocional. El coraje no es la ausencia de miedo, es la fuerza mental para soportar el miedo y perseverar.

En resumen:

1. ¿Cuáles de los desencadenantes emocionales de miedo propuestos son los suyos?

2. ¿Cuál es la función del miedo en su vida?

3. ¿Qué limitaciones como resultado del miedo ha encontrado?

4. ¿Qué puede impedirle desarrollar el valor?

5. ¿Qué le ayudará a desarrollar el coraje?

Capítulo 8: Autoconfianza - El camino de la autoestima incierta a la autoconfianza

"Si una persona no tiene confianza en sí misma, no confía en nadie en este mundo. Mientras desarrolla la confianza en sí mismo, gradualmente revela esa confianza. Esto a menudo depende de las relaciones con aquellos en los que comienza a confiar. Quien no cree en sí mismo no cree en los demás". - Hazrat Inayat Khan.

¿Qué hay de su autoconfianza? ¿Con qué frecuencia se siente seguro de sí mismo a lo largo del día?

• Según las estadísticas, alrededor del 34% de las personas son extremadamente inseguras, y el 58% de la población en ciertas situaciones siente alguna duda, vacilación y confusión.

• Solo el 8% de la gente en el mundo sabe realmente lo que quiere y cómo lograrlo. Así que si usted está entre el último 8%, lo felicito de todo corazón, mientras que el resto tendrá que trabajar en sí mismo para cambiar sus vidas para mejor.

El tema de aumentar la autoconfianza es una petición bastante frecuente de trabajo de capacitación o de consulta individual, y mi experiencia dice que la edad no importa. Tuve un cliente que ya tenía más de 50 años, y estaba muy inseguro de sí mismo como hombre. Toda su vida estuvo llena de situaciones para evitar el miedo y el comportamiento inseguro en los momentos más cruciales. Esto lo privó de muchas oportunidades e impidió el logro de objetivos. Incluso para una consulta, no se atrevió a venir durante mucho tiempo. Dijo que estaba cansado de vivir a medias y finalmente decidió "respirar la vida" en su totalidad.

Psicología de la confianza

Nuestro cerebro está constantemente evaluando la situación. A partir de estas evaluaciones, se forman nuestras creencias que guían nuestro comportamiento. Me gusta comparar las creencias con programas y controladores en un ordenador. Dependiendo de los programas que se instalen, impactará en la funcionalidad y el rendimiento que se obtenga en el ordenador.

El comportamiento seguro es beneficioso por muchas razones. Según Charles Darwin, en el reino animal, el comportamiento confiado significa que las criaturas más pequeñas a menudo superan a las de mayor tamaño. La confianza demuestra superioridad y fuerza. El comportamiento seguro desarma al oponente, dándole dudas, miedo o incluso pánico. Como resultado, los individuos más confiados reciben más riqueza material y por lo tanto se vuelven más viables. Esta es una selección natural.

El famoso científico y psicólogo Alfred Adler creía que la base de la lucha por la vida de una persona no es el sexo, como afirmaba Freud, sino más bien un sentimiento de inferioridad y disfunción, que son inherentes a todos. Este es el núcleo central de la incertidumbre. Adler creía que un niño, pequeño e indefenso, inevitablemente se considera inferior en comparación con los adultos que lo rodean. Por cierto, él experimentó todo esto personalmente desde su propia experiencia en la infancia.

De hecho, un niño no tiene suficiente experiencia para formarse una imagen precisa de sí mismo. Por lo tanto, en su evaluación, se centran en la opinión y la reacción de los adultos. Es por eso que una educación adecuada es la base para una persona exitosa y próspera.

Hablando de confianza, vale la pena dividir este concepto en varios sentimientos y condiciones interconectadas. A menudo estos conceptos se confunden, privando así a una persona de la oportunidad de elegir métodos adecuados de desarrollo.

Autoconfianza

A cierta edad, la autoconfianza es necesaria para que una persona pueda determinar los límites de sus capacidades. El comportamiento seguro de sí mismo puede dar éxito a corto plazo, pero a largo plazo, es la pérdida que desencadena un cambio emocional: «Soy una porquería». ¿Cuántas personas se balancean en este péndulo diariamente? De acuerdo con mis observaciones, hay muchas de estas personas en el ambiente creativo.

La autoconfianza es un reconocimiento de la ausencia de desventajas de una persona y una exageración de sus propias capacidades. Obliga a una persona a tomar riesgos injustificados, a asumir tareas que naturalmente no podría realizar. También declara públicamente esto a todo el mundo. Siempre observo con interés las entrevistas y conferencias de prensa de los boxeadores antes de que peleen. Algunos de ellos simplemente desbordan autoconfianza. Y después de perder, ¡su decepción y declive emocional es pronunciado! En la base de la autoconfianza, por supuesto, se encuentra un profundo sentido de incertidumbre, que se formó en una persona en la infancia.

Si la madre, durante el primer año, se comprometió con el niño solo por necesidad (y en este caso, el desarrollo de la habilidad de caminar del niño significa el fin de la infancia) esto puede impactarles enormemente. A medida que el niño comienza a gatear y a no estar en reposo durante un minuto, metiendo la nariz por todas partes, los castigos se vuelven más severos y frecuentes. Y los moretones y lesiones espontáneas se producen con mayor frecuencia. Si la sensación de rechazo no se suaviza durante el segundo año de vida, el niño concluye: «Algo está mal en mí». En esta situación, el desarrollo del "adulto interior" se ve obstaculizado.

En resumen, podemos decir que la autoconfianza sirve como compensación por los fracasos del pasado o por la baja autoestima o actúa como un medio de protección contra el sentimiento de vulnerabilidad.

Si la evaluación de las capacidades personales de uno es incorrecta, entonces las decisiones —y como resultado, las acciones humanas— pueden conducir a la derrota, lo que puede disminuir la autoestima. A la inversa, si la evaluación se realiza correctamente, aumentan las probabilidades de éxito y la autoestima.

En otras palabras, la autoestima es un proceso constante de comparación de uno mismo y de sus acciones con algún tipo de ideal interno (estándar), así como un buen contacto con la realidad interna y externa. Este ideal puede existir realmente y ser a la vez un producto de la fantasía. La autoestima es la categoría más vulnerable y protegida. Mucha gente se contenta con cerrarla, como esconder joyas en la caja fuerte de un banco. ¿Pero esto resuelve el problema? Desafortunadamente, solo parcialmente. Siempre se puede encontrar a alguien que, con una palanca, "rompa la caja fuerte" y pisotee sus objetos de valor.

Alcancía de confianza

Los registros de los problemas que guarda el "niño interior" no pueden ser borrados por una decisión volitiva. Lo que se puede hacer es empezar a acumular registros que determinen los resultados favorables de nuestras acciones.

Acumulando experiencias positivas, formamos un estado de autoconfianza sostenida. Imagínese esto en la forma de una alcancía. Esta condición necesita una confirmación y un éxito constantes. Gota a gota, construya su potencial de confianza. El punto final en el desarrollo de la confianza es la autoestima, o "autoestima invulnerable", que ya no necesita confirmación y no requiere la aprobación de los demás. Esta es una "cantidad a prueba de fuego" que está con usted por el resto de su vida y que nunca puede ser gastada bajo ninguna circunstancia. La autoconfianza es una condición necesaria para la felicidad y el éxito.

La autoestima está ligada a indicadores específicos, con los que se hace una comparación. La experiencia positiva para aumentar la autoconfianza se forma en cuatro áreas principales de la vida, que se define como "un modelo equilibrado de desarrollo humano". Estas son:

1. El cuerpo.

2. Las actividades.

3. Contactos (familia, amigos).

4. El mundo interior (sentidos, fantasías, futuro).

Cada una de estas cuatro áreas es un pilar vital que añade o quita confianza.

¿Qué es la confianza que proviene del cuerpo? Salud, atractivo, nutrición, placeres físicos, reconocimiento de los demás, fuerza, resistencia.

¿Qué es la confianza que proviene de las actividades? Resultados de la actividad, negocio favorito, dinero, carrera, estatus, reconocimiento, éxito, logros.

¿Qué es la confianza que proviene de los contactos? Amor, cuidado, atención de los parientes y amigos, pasar tiempo juntos, reponer la familia, tradiciones.

¿Qué es la confianza que proviene del mundo interior (sentidos, fantasías, futuro)? Pensamientos positivos sobre el futuro, libertad interior, sueños, espiritualidad y fuerza de la mente, crecimiento personal, creencias, religión y principios.

La inversión en su confianza

Cada uno de nosotros es un inversor. Aunque no haya dinero, todos invierten su tiempo y atención en algo. Incluso viendo la televisión, hacemos una especie de inversión. Si invertimos nuestro tiempo y atención en cada una de estas áreas, el resultado son soportes fiables que añaden energía, el deseo de vivir y seguir adelante. Incluso si se produce una crisis en uno de los pilares, somos capaces de salir de ella con seguridad a expensas de otros pilares.

Tarea: Pilares de autoconfianza

Tome el 100% de la cantidad total de su energía y atención. Ahora distribuya este porcentaje en las cuatro áreas mencionadas, basado en cómo vive ahora. Si en una de las áreas obtiene el 10% o menos, esto debería servirle de alarma. Esta es una zona de riesgo, con problemas que pueden llevar a una disminución de su autoconfianza general. En este caso, tome una decisión específica que aumente el porcentaje y restaure el equilibrio.

De la autoestima a la autovaloración

> "Un diamante que ha caído en el barro sigue siendo un diamante, y el polvo que ha subido al cielo sigue siendo polvo". - Proverbio chino.

El nivel más alto de confianza es la autoestima. A diferencia de la confianza o la autoestima, la autoestima no necesita pruebas. La autoestima es una posición, no un sentimiento. La autoestima es un sentimiento estable propio, sin importar las circunstancias negativas que ocurran con una persona. Por regla general, las personas con autoestima estable perciben a otras personas de la misma manera. En el corazón de la autoestima se encuentra el concepto de "valor". El valor como característica de un objeto, lo que significa el reconocimiento de su importancia.

La importancia y la utilidad no son inherentes a ellas por naturaleza, sino que son evaluaciones subjetivas de propiedades específicas. Por ejemplo, un billete de 100 dólares puede ser un papel común para un residente de algunas tribus africanas. O el mensaje que le llegó por error por correo electrónico, que usted borró, lleva información crucial para otra persona.

Mi buena amiga y colega Tatiana realizó un entrenamiento sobre el valor intrínseco, en el que pedí a una pareja de clientes que participaran. En este entrenamiento, ella compartió sus hallazgos, y esto me condujo a toda una capa de conciencia y decisiones, basadas en lo que le daba valor a la gente:

1. La comunicación con los padres.

2. Las asociaciones.

3. Amistades estrechas.

4. Comunicación con el "clan".

5. Negocio favorito.

6. La naturaleza.

7. Maternidad/paternidad.

8. Misión.

9. Creencia en algo (por ejemplo, la religión).

Estas fuentes añaden significado a la vida y proporcionan una sensación de autoestima y bienestar. Cada una de estas fuentes refleja un valor interno, al contacto con el cual la persona se llena de energía y de calma interior. Al establecer contacto con cada una de estas fuentes, mantenemos nuestra autoestima en una posición estable y fiable. Estoy seguro de que cada uno de nosotros tiene contacto con cada una de estas fuentes. En este caso, la calidad de este contacto es importante. Tal vez, para un flujo completo de poder y energía, necesitamos sacar las piedras con las que estas fuentes están llenas. Llamo "piedras" a nuestras creencias, resentimientos, ira, miedos, y mucho más.

Asignación: Declaración de autoestima

Estudiando el tema del valor intrínseco, me encontré con un estudio de la famosa psicoterapeuta americana Virginia Satir. Esta declaración forma su percepción de usted y aumenta la autoconfianza. Esto debe hacerse regularmente, preferiblemente cada mañana. Daré solo un extracto de esta declaración, pero, en mi opinión, ya puede añadir este estado de autoestima interior a su vida.

> Yo soy yo. En todo el mundo no hay nadie más exactamente como yo. Todo lo que sale de mí es auténticamente mío... Soy dueño de mis fantasías, mis sueños, mis esperanzas, mis miedos... Soy dueño de todos mis triunfos y éxitos, todos mis fracasos y errores... Puedo ver, oír, sentir, pensar, decir y hacer. Tengo las herramientas para sobrevivir, para estar cerca de los demás, para ser productivo, y para dar sentido y orden al mundo de las personas y las cosas fuera de mí - Soy dueño de mí, y por lo tanto puedo ingeniarme - Soy yo y estoy bien. (Satir, 1975)

Tarea: Aumentar la autoestima

Ponga una puntuación delante de cada fuente de autoestima, donde uno es el indicador mínimo y diez el máximo. Esto es para mostrar el nivel de su contacto con cada fuente:

1. Comunicación con los padres.
2. Asociaciones.
3. Amistades estrechas.
4. Comunicación con el "clan".
5. Negocio favorito.
6. La naturaleza.
7. Maternidad/paternidad.
8. Misión.
9. Creencia en algo (por ejemplo, la religión).

Después de la autoevaluación, tome una decisión sobre las fuentes con las que ha establecido la puntuación más baja. Identifique las acciones específicas que tomará para aumentar el contacto con un valor en particular.

Para resumir:

1. ¿Qué fuentes de autoestima y autoconfianza necesita desarrollar?

2. ¿Cómo y cuándo comenzará a hacerlo?

3. ¿Cuál será su primer paso para desarrollar su autoconfianza y autoestima?

4. ¿Cuáles son los beneficios de desarrollar la confianza?

Capítulo 9: Anatomía de la risa - Cómo desarrollar el sentido del humor

El buen sentido del humor siempre ha sido apreciado en la sociedad. El humor une a las personas, alivia la tensión en la comunicación, y da al dueño del buen humor la fuerza para superar las dificultades. A veces me parece que soy el dueño de este sentimiento, pero hay veces en que siento que me ha abandonado. Pero una cosa sí sé con certeza: cuando lo experimento, la vida se vuelve más fácil e interesante.

La empresa de investigación Ipsos-Reid entrevistó a residentes de diez países para averiguar qué cualidades consideran más importantes entre miembros del sexo opuesto. Para los residentes de la mayoría de los países encuestados, lo más importante que buscaron en un representante del sexo opuesto es el sentido del humor.

En mi experiencia, una situación en particular me hizo pensar en la importancia de este sentimiento en la vida. Me di cuenta de la gran demanda de humor en el entretenimiento ahora. Los programas de humor tienen los mayores índices de audiencia en la radio y la televisión. Los conciertos de comediantes reúnen a la audiencia en salas igual de grandes que las estrellas del hip-hop. La gente, como las mariposas, vuela hacia la luz: van a por las emociones positivas. Y por esto, están dispuestos a pagar dinero. El humor se ha convertido en una mercancía que se vende bien. Normalmente, la gente compra lo que se necesita y lo que falta. La demanda de humor es siempre alta, especialmente en tiempos difíciles, y es un medio de nutrición emocional.

El sentido del humor es la capacidad de relacionarse con lo que está pasando con facilidad, hacer comentarios humorísticos o comportarse de forma divertida en algunas situaciones. El humor ayuda a encontrar rarezas en el entorno, a disfrutarlas y a adaptarse mejor a la vida.

El comediante Jim Carrey dijo: "Steve Jobs era una persona increíble. ¡Vivirá en mi disco duro para siempre!".

La habilidad inherente de detectar errores e inconsistencias y de enfocarse en encontrar cosas ridículas y divertidas en el entorno cotidiano, es la base del sentido del humor. Mire a su alrededor, y con un gran deseo, puede encontrar tales inconsistencias. Por ejemplo, usted está leyendo este libro ahora, a pesar de que debe hacer un trabajo importante en este momento. Es curioso, ¿no?

La risa es una reacción innata. Un bebé recién nacido ya en el tercer mes de vida comienza a sonreír. El significado biológico de la sonrisa y la risa es informar a los padres que su hijo está lleno, sano y satisfecho. Existe la opinión de que según la risa de una persona, se puede determinar quién está delante de uno. Una risa abierta y fuerte es inherente a una personalidad segura, abierta y fuerte. Una risa contenida habla de la incertidumbre de una persona o de sus miedos ocultos. Por lo tanto, si todo está bien para usted, nada impide su risa abierta y fuerte.

Siete funciones del humor

En la antigüedad, los pescadores llevaban al mar a bromistas, comediantes y compositores. Se les daba la misma cuota que a todos los pescadores, aunque no pescaban. Entretenían a los pescadores en su difícil, peligrosa, monótona y mentalmente estresante vida en un barco apretado y así evitaban las peleas e incluso las enfermedades mentales. A estas personas se les llamaba "hombres festivos".

Función número 1 - El humor como una forma de mejorar la salud. La risa aumenta el nivel de energía en el cuerpo y así cura a una persona. No es de extrañar que digan que un minuto de risa añade cinco minutos de vida. El "cuerpo riéndose" activa unos 80 músculos. Aparte de eso, la risa:

- Aumenta el flujo de oxígeno al cerebro.
- Reduce el dolor físico.
- Reduce la presión sanguínea.
- Fortalece el sistema inmunológico.
- Entrena el corazón.
- Ventila los pulmones.

Función número 2 - El humor como defensa psicológica. La capacidad de reírse de sí mismo es un indicador de la salud mental de una persona. La mayoría de los fanáticos y terroristas son personas muy serias. Tal "seriedad" se convierte en intolerancia y odio hacia las personas que los rodean, y como resultado, hacia uno mismo.

Función número 3 - El humor como forma de ataque psicológico. En las discusiones o negociaciones, podemos, con la ayuda del humor, desvalorizar los astutos argumentos de un oponente, si los argumentos lógicos son impotentes.

La risa inflige golpes dolorosos a un enemigo, y hace que pierda la confianza en sus capacidades y, en cualquier caso, hace que la impotencia del enemigo sea evidente... El sarcasmo es humillar al enemigo convirtiendo lo que considera serio en insignificante.

Función número 4 - El humor como una forma de hacer frente a las dificultades de la vida. Primero, hay que distanciarse de la situación y ver su lado divertido. La capacidad de relacionarse con uno mismo y con las dificultades de la vida con humor presupone la presencia de otras cualidades importantes, como el optimismo, la confianza, la autocrítica y la creatividad.

Función número 5 - El sentido del humor ayuda a suavizar las situaciones de conflicto. La auto-ironía o la ironía sobre la situación expresada correcta y apropiadamente, ayuda a desactivar la situación. Si hay una oportunidad de experimentar emociones positivas, la gente usa instintivamente esta oportunidad. Por lo tanto, el humor relevante es un gran amortiguador emocional para los conflictos. "Una sonrisa es una curva que se endereza mucho", dijo Marilyn Monroe. Ha habido muchos casos en mi vida en los que el humor ha sido la llave de oro que ha abierto la puerta del corazón de una persona.

Función número 6 - El humor como una forma de construir la confianza. Chistes ingeniosos, humor, buen humor, todo esto puede ayudarnos a establecer relaciones positivas y de confianza con una persona específica e incluso con todo un grupo de personas.

Función número 7 - El humor como una forma de autorregulación emocional. Probablemente la forma más asequible de elevarnos inmediatamente a un estado emocional positivo es la risoterapia. La risa da una sacudida emocional al cuerpo y lo llena de energía. Como resultado, después de cinco minutos de risa, la respiración se profundiza, el cuerpo se enriquece con oxígeno, el ritmo cardíaco se calma, la presión sanguínea disminuye, el cuerpo se libera de la hormona del estrés: la adrenalina. La risa tiene un efecto analgésico: diez minutos de risa son reemplazados por una inyección de morfina.

Tecnología para desarrollar el sentido del humor

El sentido del humor puede y debe ser desarrollado. Algunos creen que es un regalo que la naturaleza ha otorgado a los humanos. Al mismo tiempo, ahora talleres enteros de comediantes están trabajando en la creación de programas humorísticos, para suministrar a los artistas nuevos chistes. Quiero compartir una de estas "tecnologías" con usted:

Paso número 1 - Lo primero que hay que hacer es decidir tratarse a sí mismo sin excesiva seriedad. Busque lo que pueda parecer gracioso en usted. Si está listo, puede obtener esta información de sus amigos o familiares. Pueden ser rasgos de su apariencia o rasgos de su carácter, etc. Cuéntele a otras personas historias cómicas de su vida. No tenga miedo de reírse de sí mismo. Esto le hará emocionalmente invulnerable.

Paso número 2 - Necesita aumentar su vocabulario. Leyendo libros, escuchando discursos, conferencias, participando en entrenamientos, aumentará significativamente su vocabulario. Intente introducir nuevas palabras en su discurso, como resultado de lo cual su humor se volverá más refinado, preciso y hermoso.

Paso número 3 - Desarrolle el pensamiento asociativo. Elija cualquier objeto que le llame la atención, y empiece a escribir las asociaciones que le vienen a la mente. Trate de llevar su pensamiento asociativo al punto de que las palabras salgan fácilmente y sin mucho esfuerzo.

Paso número 4 - Trate de encontrar las inconsistencias en el mundo y enfatizarlas. Por ejemplo, ver cómo brilla el sol, pero hacer frío; usted fue al campo a descansar mientras trabajaba allí como manitas; o el funcionario recibe un pequeño salario mientras conduce un coche caro.

Paso número 5 - La broma debe ser entendida.

Para ello, espíe las técnicas exitosas de comediantes famosos, intente varias combinaciones, juegue con la voz, pausas, casting, entonación, jerga, etc., porque el chiste más ingenioso entregado mal y en el momento equivocado, puede ser percibido como un comentario soso.

Para resumir el entrenamiento:

1. ¿Qué función del humor resultó ser la más valiosa para usted y por qué?

2. ¿Cómo puede afectar a su vida el uso de la información recibida?

3. ¿Cuál de los pasos para desarrollar el humor le resultará más fácil? ¿Y qué esfuerzos adicionales tendrá que hacer?

4. Dé diez ejemplos de inconsistencias que observe en el mundo y que puedan ser traducidas al humor.

Capítulo 10: Dolor - El antídoto para la depresión

"Si la tristeza ha llegado a ti, la anciana de negro, no la alejes. Ponla a tu lado y escucha lo que te quiere decir". - Carl Jung.

La emoción de la tristeza, los sentimientos y condiciones relacionados son muy relevantes para muchas personas. La abundancia de información, un ritmo de vida acelerado y una carrera constante, la comida rápida y las relaciones "de solo una vez", todo esto afecta a nuestro bienestar emocional. Habiendo prestado suficiente atención a esta emoción y entendiendo su mecánica, usted puede aprender a liberar el gran potencial de energía inherente a ella.

El malestar emocional se suprime con varios estupefacientes, lo cual se ha convertido en parte de muchas culturas. Al mismo tiempo, el título de "Psicólogo del Año" es nuevamente ganado por "¡El vodka!". No es una perspectiva brillante, ¿verdad?

La Organización Mundial de la Salud (OMS) compara la depresión con una epidemia que se ha extendido por toda la humanidad: es uno de los trastornos mentales más comunes —más de 350 millones de personas de todas las edades la padecen. La mitad de las personas que sufren de depresión no buscan ayuda médica, y de la mitad restante, solo el 25-30% va a ver a un psicoterapeuta. En algunos países, el número de los que no buscan atención médica se acerca al 90%.

Entre el 45% y el 60% de todos los suicidios del planeta son cometidos por pacientes con depresión. Según las previsiones, en 2020, la depresión se convertirá en el asesino número uno. Además, la emoción de la tristeza sirve como un poderoso acumulador de energía emocional. La tristeza, como una cuerda de arco, puede tirar de nuestra intención, y más tarde disparar un vertiginoso ascenso y éxito.

En mi experiencia, durante el entrenamiento o las consultas individuales, los clientes no presentan inmediatamente el tema de la tristeza o la depresión. En la sociedad, se acostumbra a silenciar tales problemas emocionales. Una chica me dijo que de todos los sentimientos que experimenta a lo largo del día, la tristeza ocupa alrededor del 50% del tiempo. Este es un porcentaje muy grande. Al mismo tiempo, dice que para ella, es una condición normal y no se imagina cómo podría ser de otra manera. Como resultado de trabajar con la tristeza, esta chica aprendió a manejar la gran energía que hay detrás de ella. Resultó ser una poetisa muy talentosa y dirigió todo su potencial a la creatividad publicando varias colecciones de poemas.

Celebridades que han experimentado tristeza y depresión:

• Winston Churchill. El famoso Primer Ministro británico de la Segunda Guerra Mundial fue perseguido toda su vida por el "perro negro" —depresión severa. El hecho es que Churchill le dio un apodo a su tristeza. Dice que la depresión fue la "compañera" de su vida.

• JK Rowling. La autora de las novelas de Harry Potter pensó en el suicidio cuando rompió con su primer marido. Después del divorcio, todos sus pensamientos fueron sobre cómo salir de la pobreza y poner a su hija de pie.

- Hugh Laurie. Recientemente, el actor admitió que sufría de depresión desde la adolescencia y que luchaba constantemente con ella, pero ni siquiera la mostró.
- Jim Carrey. Otro comediante depresivo de nuestra lista. En una entrevista en el programa 60 Minutos, Carrey admitió que durante muchos años se sintió como su héroe de la película "La máscara". En el plató, hacía muecas y muecas, y cuando volvía a casa, tragaba antidepresivos por su constante anhelo. Sin embargo, poco después de su visita a un psicoterapeuta, Carrey admitió que "los problemas deben ser resueltos, no lavados con píldoras", hizo deporte e incluso prometió escribir un libro sobre su lucha contra la depresión.

El papel de "víctima": la tristeza como estilo de vida

Nuestro sufrimiento no es más que nuestra propia costumbre de sufrir. Para algunos, se desarrolla en mayor medida; para otros, en menor medida. Para algunas personas el "sufrimiento" es un estilo de vida; para otras, es una forma de sobrevivir a otra crisis.

Mi experiencia: en consulta con uno de mis clientes, me encontré con el hecho de que no quería asumir la responsabilidad de su vida y sus resultados. Constantemente encontraba razones por las que todos los que le rodeaban tenían la culpa de sus problemas y fracasos. Cuando lo apoyé, la situación empeoró aún más. Por lo tanto, decidí cambiar la estrategia y enfrentarlo más en materia de responsabilidad. Esto trajo resultados positivos. Logramos llegar a la posición interior de "víctima", que se origina en la infancia. El propio cliente se sorprendió al darse cuenta de las razones de su comportamiento.

Responda a la pregunta: "¿Juega con el papel de «víctima» de la infancia?".

Constantemente se prueba a sí mismo para el papel de víctima. ¿Se siente a menudo como una "víctima"? ¿Tiene la sensación de que se siente injustamente ofendido o privado? ¿Quizás piensa que nació de los padres equivocados, en el país equivocado, o incluso en el momento equivocado? Una persona con la filosofía de víctima ha estado recogiendo pruebas de esto desde la infancia. En un momento dado, yo mismo fui un coleccionista. Mi infancia, como la de muchos niños que sobrevivieron al colapso de la Unión Soviética, transcurrió en un modo de supervivencia.

La tristeza como recurso

Como señalan los científicos C. Costello y C. Izard:

> "La tristeza, ralentizando el ritmo general de la vida de una persona, le da la oportunidad de "mirar hacia atrás". La desaceleración de los procesos mentales y corporales que acompañan a la emoción de la tristeza le permite echar un nuevo vistazo al mundo, verlo de forma diferente, y establecer otras prioridades en su vida, lo que es difícil de hacer en las condiciones de la rutina diaria. Esta nueva perspectiva puede exacerbar la tristeza, pero también puede refrescar la perspectiva de las cosas, lo que nos permitirá entender lo que no hemos pensado antes".

Desde este punto de vista, la tristeza puede ser muy útil. Por supuesto, muchas personas no están muy contentas de experimentar esta emoción. Puede aparecer repentinamente, junto con algunos recuerdos de algo que no puede ser cambiado. Sin embargo, también hay una tristeza brillante y agradable. Me gusta especialmente experimentarla en el otoño, cuando la actividad de la naturaleza se ralentiza y, al detenerse, cosecha los frutos de su rápido desarrollo. Al entrar en resonancia con la naturaleza, uno puede experimentar un profundo contacto con sus propios valores, refrescando así su percepción del presente y del futuro.

Tres soluciones que pueden aliviar permanentemente la tristeza crónica

Cada día, tomamos miles de decisiones. Algunas decisiones nos hacen pensar y recurrir al análisis; otras se toman de forma rápida o espontánea. Hay soluciones que nos benefician y otras que nos perjudican. Le propongo que tome estas tres decisiones ahora mismo que le salvará permanentemente de la tristeza crónica:

Decisión número 1 - Dígase a sí mismo: "¡La tristeza en la que estoy ahora es temporal!". Las personas exitosas ven los problemas como algo temporal, mientras que los perdedores creen que no habrá fin a sus fracasos y penas. En el anillo del sabio rey Salomón estaba escrito "Y esto pasará...", lo que significa que todo en este mundo es temporal. Es muy importante entender esto porque es gracias a esto que tiene un recurso de esperanza, paciencia y aceptación que le dará fuerza durante los períodos de tristeza.

Decisión número 2 - Este sentimiento tiene una razón; de lo contrario no habría llegado. Estas causas son vulnerabilidades en nuestra psique. Nos dicen a qué debemos prestar atención, ya que la fuerza de toda la cadena está determinada por la fuerza del eslabón más débil. Si la situación se repite de vez en cuando, esto indica "creencias nocivas" que alguna vez jugaron un papel importante para nosotros en el pasado, pero que ahora nos impiden avanzar hacia nuestro éxito y felicidad.

Decisión número 3 - La tristeza vino para que yo pudiera cambiar mi vida para mejor. Para cambiar el comportamiento de una persona en una situación determinada, es necesario darle un significado y una importancia diferente. En particular, para desarrollar la estabilidad emocional durante una situación estresante, es necesario reducir el significado de esta situación. También es útil tener una "interpretación positiva" de la situación. Por ejemplo, por la mañana, un amigo mío descubrió su coche sin ruedas. El primer pensamiento que se le ocurrió después de un segundo de sorpresa fue: "¡Gracias por robar las viejas ruedas que probablemente me habrían matado!".

Para resumir:

1. ¿Qué porcentaje del total de su estado emocional durante una semana es tristeza?

2. ¿Cuál es la razón principal de su tristeza?

3. ¿Qué es lo que desencadena su tristeza?

4. ¿Cuál es la creencia detrás de su tristeza?

5. ¿Qué medidas piensa tomar para reducir el nivel de tristeza en su vida?

Capítulo 11: Inspiración - ¿Dónde está el botón de "Inicio" de su entusiasmo?

"Puedes hacer cualquier cosa si tienes entusiasmo". - Henry Ford.

Todo el mundo tiene situaciones en las que hay que trabajar, pero la inspiración no llega. A veces, sin embargo, la falta de inspiración justifica la inacción de uno, ¿verdad? Sin inspiración, ¡¿por qué esforzarse entonces?! En tales casos, es útil tener a mano el "botón de inicio", que garantiza el inicio de la acción. Si el resultado es necesario, cada uno comienza a recurrir a sus propios y probados —pero no siempre útiles— medios para iniciar la inspiración. Como dijo Alexander Pushkin, "La inspiración es la capacidad de ponerse en condiciones de trabajar".

No importa lo que haya logrado la inspiración —puede ser cocinar la cena o pintar una valla, crear un cuadro o escribir un informe— si el trabajo se hace con inspiración, se siente y se refleja positivamente en la calidad de su ejecución.

Según los datos proporcionados por la revista Business en 2012, el promedio de empleados entusiastas (75%) demuestra el mayor entusiasmo en los primeros meses de trabajo en la empresa. Pero después de tres meses, esta cifra disminuye en un 15%. En otras palabras, después de tres meses de trabajo, el empleado muestra claros signos de decepción. Suelen llegar a un punto crítico después de tres años, cuando pierden en promedio hasta el 19% de su entusiasmo anterior. En este momento, el nivel de su implicación se reduce al 56%, y el empleado está listo para irse y buscar un nuevo trabajo.

Aproximadamente, la misma situación ocurre con el aumento de los salarios. Estudios de la teoría de la motivación de Frederic Herzberg han demostrado que los salarios más altos aumentan el entusiasmo por el trabajo durante un período de tres a cinco meses. En el futuro, el empleado se acostumbra a su nuevo nivel de ingresos, y esto deja de influir en su participación y motivación.

Además de mi práctica en el campo de la Inteligencia Emocional, he estado trabajando como entrenador de negocios para ventas y servicios en varias organizaciones durante mucho tiempo. En mi experiencia, una característica de muchos vendedores es un bajo nivel de entusiasmo por el trabajo. Es decir, durante los primeros seis meses se "queman", y luego pasa algo. La indiferencia ante los resultados, y la fatiga por la comunicación con los clientes, todo esto se observa en la mayoría de los vendedores. Después del entrenamiento, la situación suele cambiar, y ellos "cavan el suelo con su pezuña" de nuevo y quieren correr hacia los clientes rápidamente. Con el tiempo, incluso las solicitudes hacia mí cambiaron a: "¡Sacúdelos bien!" o "¡Inspira el deseo de trabajar en ellos!". No soy mago, pero estoy seguro de que la inspiración de los participantes en mi entrenamiento es una de las razones por las que los entrenadores de empresas aman su trabajo.

Naturaleza de la inspiración

Inicialmente, la palabra "entusiasmo" denotaba la condición de una persona poseída por una deidad o bajo su influencia. De hecho, es muy probable que en un estado de inspiración, nos "obsesionemos" con algún tipo de idea o proceso. Se trata de un surgimiento mental, con creatividad y entusiasmo laboral, que se manifiesta en la movilización final de todas las fuerzas espirituales y físicas.

Sigmund Freud dijo: "Cuando la inspiración no me llega, voy a la mitad del camino para encontrarla".

Según mis observaciones, la gente con buena organización mental tiene un flujo frecuente de inspiración. Un período de concentración reemplaza un estado de impotencia. A menudo veo personas de apariencia creativa, caminando solas en un parque y pateando inútilmente hojas en el suelo o alimentando cisnes en un lago. El entusiasmo puede abrazarlos en cualquier momento, en cualquier lugar, o tal vez no venir durante meses.

Con inspiración, usted puede realizar cualquier trabajo, tanto creativo como físico. Si el trabajo se hace con inspiración, la "respiración" se sentirá en todas partes. El concepto mismo de inspiración está muy asociado con la respiración: inhalar-exhalar-inhalar-exhalar.

Inhalar: recibimos energía; exhalar: la soltamos. De ahí los derivados: inspirado y agotado. Preste atención a su respiración en estado de inspiración. Prácticamente usted no respira, y los pulmones estallan de placer. El oxígeno es el combustible para la inspiración a nivel corporal.

En la filosofía china, "respiración" también significa "energía", el nombre general de "Chi". Es una fuerza vital que impregna y une todo lo que existe. El Chi nos llena a cada uno de nosotros; hace que nuestra sangre corra por las venas, hace que nuestros pechos respiren, y gracias a él, todos los fenómenos de la naturaleza ocurren.

Además de saturar el cuerpo con oxígeno, también se necesita una sensación de inspiración y la orientación mental correcta. El sentimiento que subyace a la inspiración es el interés, y la orientación mental establece un objetivo o valor importante. La combinación de los tres componentes da un acorde de energía especial, que se llama "entusiasmo" o "inspiración".

Diez detonantes - Asesinos de la inspiración

Ya que estamos hablando de energías espirituales sutiles, cualquier estímulo externo o interno puede derribar estas sensibles ondas alfa, y en su lugar vendrá la apatía, la irritación, el aburrimiento, etc.

En mi experiencia, uno de mis clientes se quejó de que durante el período en que necesitaba escribir una tesis de doctorado, su vecino estaba entrenando como boxeador. Los sonidos de los sacos de boxeo lo volvían loco y no podía concentrarse en el trabajo. Además, solo podía trabajar en casa, y el vecino no entraba en ninguna negociación. La aparentemente desesperada situación se resolvió de forma muy simple. Identificamos diez lugares adecuados para trabajar y nos turnamos para experimentar. Como resultado, el lugar más productivo para él fue un café subterráneo en la ciudad. Ahora, es su lugar favorito para la creatividad.

Asesino número 1 - Situaciones con el balance de "Tomar-Dar". Esto es cuando usted no recibe golpes emocionales o reconocimiento de la gente para la que lo intentó.

Asesino número 2 - Situaciones en las que trabaja o realiza acciones que no reflejan sus valores y aspiraciones interiores. En este caso, usted se da cuenta de que no vive su vida o hace su trabajo de la manera que quiere.

Asesino número 3 - Situaciones en las que está constantemente absorto en su trabajo, sin cambiar a otras áreas de la vida. En este caso, hay un agotamiento emocional, saciedad, e incluso aversión al trabajo.

Asesino número 4 - Cualquier situación que le desequilibre. Cuando experimenta sentimientos como envidia, celos, miedo, culpa, etc. Estos son embudos que absorben su energía emocional.

Asesino número 5 - Situaciones en las que está en un estado de "víctima". Aquí, usted siente su vulnerabilidad y la incapacidad de influir en los acontecimientos.

Asesino número 6 - Situaciones incompletas, asuntos pendientes, reduciendo significativamente el entusiasmo. Lo incompleto atrae sobre sí mismo energía que podría ser utilizada aquí y ahora.

Asesino número 7 - Hace promesas imposibles y asume demasiada responsabilidad. Puede tomar una decisión apresurada, y luego sentir una disminución de la fuerza emocional.

Asesino número 8 - Miedo a la crítica. El constante temor de que alguien evalúe negativamente su resultado.

Asesino número 9 - Incapacidad de obtener satisfacción del resultado. La satisfacción es una recompensa emocional por el logro. Es un poderoso motivador interno para la acción y el logro de objetivos.

Asesino número 10 - Varios fracasos seguidos que reducen el nivel de autoestima, y, en consecuencia, el entusiasmo cae rápidamente. Los constantes fracasos sin extraer una lección de ellos presionan a una persona y la llevan a un estado de desesperanza.

Como puede ver, diez asesinos desencadenan la "caza" de nuestro entusiasmo, haciendo vulnerable a este estado. No es de extrañar que raramente lo experimentemos. Con el fin de protegerlo, le aconsejo adherirse a las siguientes recomendaciones:

Tecnología de lanzamiento entusiasta

Una vez, cuando era estudiante, trabajé como cargador en un almacén de cosméticos. Era un trabajo nocturno, y mis deberes incluían las órdenes de embalaje. Después de varios meses de trabajo monótono, y sobre todo en los períodos pre-vacacionales, cuando había especialmente muchos pedidos, inventé mi propia manera de mantener el entusiasmo. De las órdenes, formé ciudades fortaleza enteras en el suelo. Cada paquete era un edificio de ladrillos. Y por la mañana, cuando los representantes de ventas venían a recoger su pedido, esperaban una nueva sorpresa. Decían que ni siquiera querían desmontar estos trabajos de diseño.

Paso número 1 - Cambiar la situación por un tiempo. Los nuevos lugares dan lugar a nuevas impresiones, nuevos pensamientos, que aumentan la inspiración y el entusiasmo por el trabajo.

Paso número 2 - Respirar profundamente durante diez minutos, lo que ayudará a saturar el cuerpo con oxígeno.

Paso número 3 - Conectar mentalmente el próximo trabajo con sus objetivos y valores de vida. Encuentre el significado de cada uno de sus asuntos. Un pasatiempo sin rumbo descarga las baterías de su entusiasmo. Es útil tener un conjunto de desencadenantes que le permitan desencadenar la emoción necesaria.

Paso número 4 - Piense en qué elemento de creatividad puede aportar al próximo trabajo. En cada tarea aparentemente rutinaria, puede encontrar algo inusual que causará una emoción de interés. Al estimular la sensación de interés, usted influye en su inspiración.

Paso número 5 - Empiece cualquier negocio con gratitud por la oportunidad de ser útil a alguien y realizarse a sí mismo. Cuando va más allá de su ego en su trabajo, tiene energía adicional.

En resumen:

1. ¿Con qué frecuencia se sientes entusiasmado?

2. ¿Cuál de los asesinos detona las presas de su entusiasmo?

3. ¿Qué puede desencadenar su entusiasmo?

4. ¿Bajo qué circunstancias suele producirse el entusiasmo en usted?

5. ¿Qué beneficio le da el entusiasmo, y qué cambiaría si tuviera más?

6. ¿Cuál de las recomendaciones propuestas quiso implementar inmediatamente?

Capítulo 12: Infectado con un sentido de culpa

"Cuidado con los que quieren imputarte la culpa, porque anhelan el poder sobre ti". - Vaslav Nijinsky.

La capacidad de sentirse culpable es común a todas las personas. Esta profunda ancla se formó en el proceso de la evolución humana. El miedo central del culpable es el miedo a ser rechazado por la sociedad, a perder todos los beneficios. Como resultado, experimentarían la muerte por hambre física y emocional.

Sentirse "culpable" —un sentimiento de color negativo, cuyo objeto es su acto, el cual, en su opinión, es la causa de las consecuencias negativas para otras personas. La culpa es el precio que pagamos por violar ciertas normas de conducta o creencias. Mientras nuestro comportamiento esté más allá de estas normas, la culpa no dejará de perseguirnos los talones. Este programa está incrustado en el ADN social de nuestra sociedad y se transmite de generación en generación.

De acuerdo con analistas británicos: casi todas las mujeres, es decir el 96%, se sienten culpables todos los días. Casi el 80% de los adultos que han intentado suicidarse sufren de culpa crónica o vergüenza. El 25% de los niños de tres a catorce años se "castigan" por masturbarse o por el hecho de que en sus pensamientos querían que alguien muriera. El diez por ciento de las personas pueden hacer frente de forma independiente a sus sentimientos de culpa, el 90% restante los suprime o recurre a la ayuda de un sacerdote o un psicoterapeuta.

En mi experiencia, el tema de la culpa es una petición incluida en el top-ten de peticiones que la gente hace cuando trabaja en una sesión de entrenamiento o en consultas individuales sobre el manejo de las emociones. Y no siempre es el tema que es inmediatamente obvio. En una de estas consultas, el cliente se quejó de frecuentes episodios de ansiedad inexplicable. Dijo que aparecía de repente y luego también desaparecía de la misma forma. Cuando empezamos a explorar este tema, resultó que se sentía culpable de cómo gastaba su tiempo. Resulta que en la infancia, su padre lo avergonzaba constantemente por su holgazanería. Según el padre, el hijo tenía que hacer algo útil constantemente. Posteriormente, este programa de activación formó la base de su escenario de vida. Y ahora, en esos períodos en los que no está ocupado con nada, la voz del pasado le da un sentimiento de culpa, que se manifiesta en forma de ansiedad repentina.

La acusación tiene un efecto emocional tan fuerte que es muy difícil resistirse a ella manteniendo el equilibrio interno. El tono acusador da lugar a la culpa, el miedo o la ira en otra persona. Por lo tanto, al darse cuenta de esta fuerte influencia, muchas personas la utilizan para lograr sus objetivos. Por ejemplo, la abuela culpa a la madre, luego la madre culpa al padre, luego el padre culpa al hijo, luego el hijo culpa al amigo, y así hasta el infinito.

Los sentimientos de culpa se imponen a una persona desde la infancia. Los padres a menudo avergüenzan o regañan al niño por no comer gachas, por platos rotos o por un juguete roto. Constantemente avergonzando y castigando al niño, le enseñan a sentirse culpable.

Incluso los animales son capaces de sentirse culpables. Aunque no hay evidencia científica de que algunos animales se sientan realmente culpables, sus expresiones faciales y su comportamiento permiten compararlos con personas que experimentan las mismas emociones. Varias veces vi perros y gatos que se comportaron de manera culpable cuando sus dueños los avergonzaron o regañaron por alguna mala conducta. Pero, ¿se sienten culpables los animales que viven lejos de los humanos? ¿Es la culpa una emoción puramente humana, o es inherente a otros animales? Todavía tenemos que conseguir una respuesta a estas preguntas.

Broma: Un marido que regresa de un viaje de negocios admite a su esposa que ha perdido su anillo de matrimonio.

—No entiendo—la esposa está indignada— ¿cómo puede uno arreglárselas para perder su anillo?

—¡Tú tienes la culpa de esto! ¡Llevo un año diciéndote que mi bolsillo está roto!

Espada de doble filo

La norma interna que guía el comportamiento humano es la conciencia. La conciencia es la necesidad de una persona de ser responsable de sus acciones. La conciencia se basa en la empatía como mecanismo del instinto social para la conservación de la especie. Los mecanismos de freno contra el daño a un miembro de una manada o población existen en muchos animales. En la sociedad humana, debido a la ambigua comprensión del daño, la conciencia está llena de normas morales educadas.

Sentirse culpable es un arma de doble filo. Tan pronto como se siente culpable, en ese mismo momento, ha aprendido a evocarla en otras personas. Y muchas personas han tenido un éxito significativo. Diría que se convirtieron en los dueños del cinturón negro en este tipo de "deporte". Vivir con este sentimiento es insoportable; sin embargo, hay muchos significados en este, y al quitarlo destruiremos la estructura de nuestra sociedad. Si logra deshacerse de este sentimiento, debe saber que esta estructura se derrumbará en primer lugar, porque usted no tiene idea de cuánto significa para usted. La única pregunta es: ¿qué vendrá en su lugar?

Diez formas básicas de culpa

Encontré una interesante escala de formas de culpa con el famoso orador motivacional americano Anthony Robbins. Parecería que, ¿por qué el orador motivacional, que profesa conocer la psicología del éxito, debería recolectar y estudiar este material? Estoy seguro de que la culpa de muchas personas es un obstáculo para el éxito y la felicidad. Los diferentes tipos de culpa son trampas colosales para tomar nuestra energía psíquica. Absorben kilovatios enteros de energía de nuestro reservorio emocional, que podríamos dirigir para lograr resultados. Por lo tanto, en primer lugar, me propongo diagnosticar los tipos de culpa que usted tiene y tomarlos bajo control inicial.

¿Qué tipo de desencadenante emocional activa su culpa?

En esta tarea, necesita determinar, en una escala de diez puntos, cuál tiene cada uno de los diez tipos de culpa. Ponga delante de cada uno un número, donde uno es el valor mínimo y diez el máximo.

1. Padres/hijo. Los padres, a través de la evocación de los sentimientos de culpa, llevan a cabo una labor educativa. Realizada una tarea de una sola manera: «¡eres bueno!» Realizada de otra manera: «¡eres malo!» Un niño idealiza a los padres, por lo que su evaluación es un sentimiento profundo.

2. Niño/Padres. Los niños, incapaces de negociar con sus padres, aprenden a despertar la culpa en ellos para que cumplan sus caprichos. Además, el niño, debido a los sentimientos de culpa, podría pagar las deudas impagas a sus padres toda su vida.

3. Supervisor/Subordinado. Se aplican las mismas leyes que entre padres e hijos. El prototipo del jefe es el "padre imperioso".

4. Profesor/Estudiante. Las mismas leyes se aplican que entre padres e hijos. El prototipo de un profesor es el "padre imperioso".

5. El amor. La manipulación del amor es usada por los compañeros para lograr sus objetivos. "Si me amas, haz... Si no lo haces, entonces no me amas".

6. Legislativo. Hay votos y reglas tácitas en la sociedad. Estos reguladores se componen de normas éticas de conducta y leyes civiles (constitución). Estas reglas prescritas aseguran el funcionamiento de la sociedad. La prisión es un excelente ejemplo de aplicación de la ley.

7. Sexual. El tema sexual en la sociedad es tabú. Solo en los últimos 30 años se levantó el telón del secreto y la gente ha comenzado a tratar de hablar abiertamente sobre ello. Esto se ha formado durante más de mil años y es uno de los criterios que nos distingue de los animales. Muchas personas están tan infectadas con esta culpa que rechazan completamente la intimidad corporal y la sexualidad en sus relaciones.

8. Religioso. El pecado original es una forma de control sobre los creyentes. Usted nació y ya fue culpable ante los ojos de Dios.

> El primer hombre cayó al paraíso, y el pecado se extendió desde ahí, sucesivamente a toda la descendencia, de modo que no hay nadie nacido en carne que se libere de esa carga y no sienta el efecto de una caída en la vida real (Mensaje de los patriarcas de la Iglesia Católica Oriental sobre la fe ortodoxa).

9. Auto-apilamiento. Es una falta ficticia que nos imponemos a nosotros mismos, satisfaciendo el escenario interior. Culpable sin culpa. Somos culpables de estar vivos y bien, de que un pariente muera, de un desastre natural, de un accidente de avión, etc.

10. Existencial. Los grandes sabios de Rishi afirman que todos tenemos obligaciones básicas, un deber con nuestros antepasados, la tierra, nuestros mentores, Dios, todos aquellos que nos han ayudado alguna vez. Cuando esta deuda queda sin pagar, sufrimos un sentimiento de culpa existencial.

¿Cómo deshacerse de la culpa?

Una participante en uno de mis cursos de formación no pudo perdonarse por la muerte de su madre. Creía que su madre había muerto por su culpa debido a que no le prestaba suficiente atención. Durante la consulta, resultó que su culpa (y el sentimiento de responsabilidad) ¡era una forma especial de orgullo! Diga: «Este mundo gira a mi alrededor, y solo depende de mí quién vive y quién muere».

De hecho, no podemos ser responsables de la elección de otra persona. ¡Solo por las consecuencias de nuestras propias elecciones! La muerte de otra persona, no importa lo extraño que pueda parecer, es el resultado de su elección, aunque sea inconsciente. Si usted pudiera determinar con qué tipo de sentimiento está infectado, por favor acepte mis felicitaciones. Esto ya es un 50% de éxito. La culpa está tan estrechamente fusionada con la estructura de la psique que una persona se comprime con ella y deja de separarla de sí misma. La culpa es un parásito que está en una especie de simbiosis con la psique humana.

El siguiente paso es el proceso de dejar ir la culpa. Usted debe ser capaz de decir adiós a la culpa y atraparla en las primeras etapas en el futuro para que no eche raíces.

Según Irvin Yalom, profesor de psiquiatría de la Universidad de Stanford:

> "La culpa neurótica proviene de crímenes imaginarios (o de una pequeña mala conducta que provoca una reacción desproporcionada) contra otra persona, tabúes antiguos y modernos, o prohibiciones parentales y sociales. La culpa "genuina" es causada por un crimen real en relación con otra persona".

¿Es posible deshacerse de ella de una vez por todas? Creo que es imposible. Este programa (detonante) ya ha estado profundamente arraigado durante muchos miles de años de desarrollo humano. Pero podemos aprender a tiempo a diagnosticar la culpa útil o tóxica (neurótica), así como a manejarla, reduciendo su intensidad e impacto en nosotros.

Paso número 1 - ¿Es realmente culpa suya lo que pasó? Separe las pruebas reales de sus ilusiones. Si no está seguro, describa la situación a las personas en las que confía, averigüe otros puntos de vista.

Paso número 2 - Admita que se sientes culpable. Con gratitud por la valiosa experiencia, reconozca su culpa. La culpa indica una violación de su estándar emocional personal.

Paso número 3 - Evalúe el detonante. Luego evalúe si el estándar violado es digno de ser preservado. ¿Es bueno para usted y para los demás? ¿Qué función cumple? Si esta norma es destructiva y no le es útil, debe abandonarla. Puede analizar qué lo desencadena y qué forma de culpa surge. Luego seleccione un nuevo detonante útil y concéntrese en él. Si es necesario, escríbalo y desplácelo varias veces al día en su cabeza, introduciendo nuevos escenarios de comportamiento. Asuma la responsabilidad de las consecuencias.

Paso número 4 - Si lo que pasó es su culpa, pida perdón. El perdón es un ritual importante para dejar ir la culpa. En la tradición cristiana, incluso existe un "Domingo del Perdón" antes de la Cuaresma. La arrogancia o el miedo ordinario pueden interferir con la petición de perdón. Si estos sentimientos son realmente un problema, soluciónelos usando el entrenamiento mental del punto tres.

Paso número 5 - Separe este sentimiento de usted. Usted es... y ahí está su culpa. Explore este sentimiento: cómo se ve, cómo se refleja en el cuerpo. Este paso le ayudará a distanciarse de él.

Paso número 6 - Determine el valor tocado por la culpa. Cuáles de sus valores se ven afectados por esta situación.

Paso número 7 - Encuentre un lado positivo de la situación para usted. En cualquier acto se encuentra la intención positiva de la persona que comete este acto. ¿Cuál fue su intención positiva en esta situación?

Paso número 8 - Saque conclusiones basadas en la situación actual. Decida no permitir una situación similar en el futuro.

Paso número 9 - Perdónese a sí mismo por este acto. No hay personas ideales, las personas tienden a cometer errores. Esta situación es una importante lección en su vida. El arrepentimiento libera la tensión acumulada y facilita el corazón.

La culpa desaparecerá, pero ¿qué vendrá en su lugar?

La culpa será reemplazada por la responsabilidad personal por las consecuencias de sus acciones.

La responsabilidad es una orientación futura que se basa en las lecciones aprendidas. Es una percepción de sí mismo como una personalidad adulta y holística, que es consciente de la conexión entre sus acciones y los resultados obtenidos, y que acepta fácilmente las consecuencias positivas y negativas de sus acciones.

A veces mis clientes me preguntan qué es una persona madura. En mi opinión, la responsabilidad es uno de los criterios de una persona mentalmente sana y madura. Y la responsabilidad no es solo como un yugo en el cuello, que cansa y le hace infeliz. Al contrario, es útil agradecer la responsabilidad de la confianza depositada y la oportunidad de ser útil y necesario. Esta es una manifestación de tu madurez. Este es un tema de valor y significado. ¿Y cuál es el significado de la responsabilidad para usted?

En resumen:

1. ¿Qué forma de culpa experimenta más a menudo que otras?

2. ¿En qué casos decide causar culpa en otras personas?

3. ¿La culpa que siente es útil o tóxica para usted?

4. ¿Qué es lo que provoca su culpa?

5. ¿Qué cambiaría en su vida si la culpa se reduce?

6. ¿Qué cambiaría en su vida si los sentimientos de culpa se intensifican?

Capítulo 13: Anatomía del sentimiento de resentimiento - La receta para el perdón radical

"En cuanto aprendas a ofenderte, en ese mismo instante, no en el siguiente, sino en ese mismo instante, aprenderás a ofenderte". - Anónimo.

El resentimiento es uno de los tipos de sentimientos con los que "extorsionamos" la atención, el respeto, el cuidado, el remordimiento, etc., del ofensor. Esta es una manera de castigar al delincuente para que cambie su actitud hacia algo, se arrepienta y se dé cuenta de que estaba equivocado.

Mi experiencia: al principio de una relación con mi esposa, ella a menudo resentía mi comportamiento. Sí, y a menudo me di cuenta de que soy duro en las respuestas cuando me atrapan en el momento "inapropiado", aunque nunca tuve un deseo consciente de ofender. Esto nos causó grandes problemas, ya que ella se ofendía a menudo, y yo, considerando que esto no es nada, no siempre le pedía perdón. Ella no veía otra manera de influir en mi comportamiento. En principio, esta es una opción clásica para muchas parejas. Después de varios meses de tales insultos, nos cansamos de ello, y decidimos desarrollar un nuevo modelo de comportamiento. Ella insistió en comunicar inmediatamente sus sentimientos en el momento en que una situación "sensible" se presentaba. Este método sirvió como una maravillosa descarga y redujo al mínimo el número de insultos mutuos.

La palabra "resentimiento" viene de la palabra "engaño", y por lo tanto está estrechamente relacionada con algo como la justicia. Nos ofendemos cuando consideramos que una persona está siendo injusta en el trato que nos da. El alcance de este sentimiento también puede ser diferente. Puede haber un ligero resentimiento momentáneo, o puede haber un resentimiento de por vida.

El resentimiento es un embudo emocional que es adictivo. Nos desplazamos una y otra vez en las situaciones ofensivas de la cabeza. El resentimiento se acumula en el corazón y en algún momento puede convertirse en ira o incluso odio. Y paralelamente, desde la infancia, aprendemos a perdonar, a veces reemplazando el perdón real por el pseudo perdón.

Investigaciones en el campo de la medicina han establecido que nuestro cuerpo responde instantáneamente a un agravio con tensión muscular, y cuanto más fuerte es nuestro estado emocional, más fuerte es el calambre muscular. En primer lugar, el resentimiento da un golpe en la garganta y en el pecho, esta es la confirmación del dicho "sofoca el resentimiento". Con el tiempo, los casos negativos se olvidan, pero dejan una huella en la salud, interrumpiendo la circulación de la sangre en los músculos constreñidos. Así, la inmunidad se reduce, y se da un impulso al desarrollo de enfermedades graves, como el ataque al corazón, el asma bronquial y la enfermedad coronaria.

¿Qué puede causar resentimiento? Cualquier cosa. Sin embargo, las causas más comunes del resentimiento son:

1. Insultos.
2. Burlas.

3. Una acusación.

4. Una amenaza.

5. Ignorar una petición.

6. Causar dolor físico.

7. Engaño.

8. Humillación.

9. Decepción.

10. Añada su favorito...

Cada una de estas situaciones desencadena este sentimiento, y pueden ser interpretadas como ofensivas.

Anatomía del resentimiento

La susceptibilidad es una manifestación del estado del ego de un niño. Es decir, podemos tener 30 o incluso 50 años, pero por dentro podemos sentirnos como un niño asustado de cinco años. Es este niño herido por dentro que muy a menudo toma decisiones, estalla emocionalmente, especialmente cuando se toca un "punto doloroso".

Broma: Ofendida por mi marido, decidí no hablar con él. Pero algo me dice que no lo asusté, sino que le inspiré esperanza.

En el corazón de este sentimiento están las expectativas injustificadas, o más precisamente, el desajuste de nuestras expectativas con el comportamiento real de una persona significativa. Cuando, por ejemplo, la persona de la que se espera apoyo o elogios de repente empieza a criticar o a reprocharle, siente un golpe en la autoestima, siente que le tratan injustamente y que le ofenden. Una reacción ante tal situación puede ser un arrebato de ira, pero tal comportamiento no es bienvenido, porque no quiere pasar por una persona de mal genio que no sabe controlar sus emociones (además de estar abiertamente enfadado con sus parientes o con su jefe).

Resentimiento peligroso

El resentimiento es peligroso, principalmente para nosotros mismos. ¿Por qué? Porque nosotros, una y otra vez, repasamos esta situación en nuestras cabezas. El resentimiento se acumula en el corazón, y cada día, una persona lo reaviva internamente más y más. En este caso, el resentimiento puede convertirse en ira o incluso en odio. La situación que lo causó está sobredimensionada con más y más dolores y especulaciones. Como resultado, el resentimiento estropea nuestro estado de ánimo y, a largo plazo, afecta negativamente a nuestra salud física y emocional.

En mi experiencia, uno de mis clientes ha estado resentido con su compañero durante 20 años, porque fue muy humillado por él en la escuela. Todas sus acciones fueron dictadas por un plan de venganza. Incluso su éxito en la vida se logró como respuesta a la intimidación a la que fue sometido. Y el hecho de que su agresor ya no esté vivo no eliminó la ofensa porque se convirtió en una "columna vertebral psicológica" para su personalidad, el principal significado de la vida, sin la cual no sabía cómo seguir viviendo.

Si le parece que el resentimiento es un paso fuerte y una oportunidad para salvar su autoestima, ¡entonces está equivocado!

Al contrario, el resentimiento habla de su vulnerabilidad y dependencia psicológica de los demás. Reduce nuestra conciencia al tamaño del delincuente, aumenta la irritabilidad, genera odio y venganza. En mi opinión, una persona psicológicamente madura no se ofende. Puede decidir separarse, por varias razones, pero solo lo hará por el bien de ambas partes. ¿Y cuál es el punto? El resentimiento es una situación incompleta. Es más bien la elipsis detrás de la cual se encuentra la esperanza lejana de un contacto renovado. Esta esperanza de restaurar la justicia de una manera muy expresiva y memorable —idealmente, la otra parte debería sacar conclusiones, y aún mejor— lamentar fuertemente lo que pasó es dañino y poco realista.

Pseudo-perdón

¿Cuántos insultos ha perdonado en la vida? ¿Y cuántos de estos agravios ha dejado ir completamente? Quiero decir que "perdonar" y "dejar ir un insulto" son dos conceptos diferentes. Según mis observaciones, el pseudo-perdón es muy común. El investigador de resentimientos Colin Tipping incluso identifica varios tipos de pseudo-perdón:

- El perdón desde un sentido del deber. Creemos que el perdón es lo correcto e incluso espiritual. Creemos que debemos perdonar.

- El perdón desde un sentido de justicia. Si una persona perdona a la gente porque cree que es correcta y justa, y ellos son estúpidos o pecadores, y los compadece, esto es pura arrogancia.

- Perdón falso. Fingir que no está enojado por ninguna razón cuando está realmente enojado, no es tanto perdonar como reprimir su enojo. Esta es una forma de auto-negación.

Incluso si usted "perdonó" a su pareja, esto no significa que su resentimiento se haya borrado de su memoria. Los agravios se acumulan hasta que se alcanza su masa crítica. Después de lo cual, hay una descarga emocional en forma de pelea o, por el contrario, depresión. Cuándo esto podría suceder, nadie puede predecirlo.

A veces la más mínima razón es suficiente para que ocurra una "explosión", que en su poder no es comparable con la causa. A veces, en el curso de tal colapso emocional, los insultos de hace muchos años, de los que todos ya se han olvidado, comienzan a ser extraídos de la memoria. Si no se responde al rencor, una persona puede mantener su carga emocional durante muchos años: como las minas de la Segunda Guerra Mundial, esperando a explotar.

El pseudo-perdón viene más de la cortesía. Es más fácil para muchas personas pretender que han perdonado que dejar de lado sus quejas. Dejar ir realmente un rencor puede ser una desventaja. Para perdonar completamente de verdad, es necesario utilizar técnicas especiales. Mi experiencia muestra que confiar solo en argumentos lógicos y soluciones para el perdón no es suficiente. ¿Qué puedo decir si en mi práctica, a menudo me encuentro con personas que guardan rencor a personas que ya no están vivas? ¿Dónde está la lógica aquí?

Tecnología del perdón

Basándome en mi experiencia, llegué a la conclusión de que la mayoría de las veces, las personas que guardan rencor son mujeres (o al menos, son más abiertas al respecto.) Perdón si he ofendido a alguien. En una sesión de entrenamiento, una mujer contó su historia en la que no pudo perdonar a su marido durante mucho tiempo porque una vez le dio una bofetada en la cara. A partir de ese momento, construyó una barrera psicológica a su alrededor y no la dejó ir. Es decir, formalmente todo era como antes, excepto por la verdadera cercanía y apertura. Siete años pasaron después de ese incidente, sus hijos crecieron, y ella continuó sosteniendo el sistema de defensa interior. Su marido, que se había sentido culpable todo este tiempo, fue recientemente diagnosticado con cáncer. Cuando se enteró de esto, algo se rompió en ella. Desde ese momento, comenzó a darle toda la ternura y el amor acumulados que había retenido durante tantos años. Su relación nunca fue tan intensa, cercana y abierta, como lo es ahora.

Paso número 1 - Lo primero que hay que hacer es admitir que está ofendido. Habiendo expresado esto, tomará este sentimiento bajo su control y reconocerá el hecho de su existencia. No se culpe por este sentimiento. El resentimiento sucedió, y ahora es un punto de partida para sus acciones posteriores. Escriba por qué fue ofendido, y por quién.

Paso número 2 - No tome decisiones en un estado de resentimiento. «Quita tu mano del fuego». Necesita tomar un descanso, que "amortigüe" las emociones calientes, y pueda tomar decisiones con una mente más tranquila. Determine cuánto tiempo pasa en su resentimiento.

Paso número 3 - Determine cuáles son sus expectativas con respecto a esta persona que no se han materializado. ¿Qué tipo de desencadenante emocional funcionó? Las expectativas injustificadas subyacen al resentimiento. Describa sus expectativas con respecto al comportamiento de la persona que está con usted. Responda a la pregunta: «¿Por qué deberían comportarse como yo quiero?». Aquí está su detonante, que desencadena una sensación de resentimiento. Al presentar sus reclamos tácitos a los demás, caerá en su propia trampa cuando sus expectativas no se cumplan. Aprenda a bajar su nivel de exigencia hacia otras personas, e inmediatamente notará que la cantidad de resentimiento en su vida disminuirá.

Paso número 4 - Intente no evaluar el comportamiento de una persona en relación a usted. A menudo la gente comete sus acciones sin intención, sin fijarse la meta de ofender. En última instancia, lo que importa no es lo que nos está pasando, sino cómo reaccionamos ante ello. A veces, solo después de años, uno puede entender el papel positivo que tuvieron las acciones de una persona hacia nosotros, aunque en ese momento, pareciera injusto y ofensivo. Vea la situación desde una amplia perspectiva espiritual, desde el mundo de la Verdad Divina. Nosotros mismos creamos esta situación para aprender de ella una valiosa lección para nosotros mismos. Obviamente, cuanto más fuerte es una persona involucrada en una situación, más difícil es para ella ver un beneficio para sí misma en ella.

Paso número 5 - Desarrollar una capacidad de diálogo sobre el resentimiento. No lo lleve por mucho tiempo sobre usted, pretendiendo estar abatido, para que el propio infractor lo adivine y, sintiéndose culpable, le pida disculpas. Esto crea una ventaja imaginaria para usted. De hecho, al llevar este sentimiento "tóxico" en usted, usted estropea su humor, destruye su armonía espiritual, aumentando la ira y la venganza.

Si algo es realmente importante para usted, es necesario hablar y concluir acuerdos verbales. En este caso, las expectativas se transfieren a la categoría de responsabilidad. Si no hay manera de discutir la situación con una persona, escríbale una carta. Sin embargo, no es necesario enviar esta carta. En cualquier caso, si lo hace, esto aliviará su estrés, y podrá ver con calma esta situación.

Paso número 6 - Practique el perdón. Esta es la principal receta contra el resentimiento. Perdonando sincera y profundamente, dejando ir la situación, descarga su psique, deshaciéndose de la severidad del resentimiento. Esto no significa que olvide la situación. Sacar conclusiones, aprender, marcar sus vulnerabilidades, estos son los beneficios que puede aprender de este sentimiento.

Mantra para los ofendidos:

Al final, aquí hay un ejercicio del maestro de Osho: "Mantra para los ofendidos". Después de leerlo, pase por su conversión y dese cuenta de la inutilidad y debilidad de este sentimiento.

Soy un tipo tan importante que no puedo permitir que nadie actúe según su naturaleza si no me gusta. Soy un tipo tan importante que si alguien dice o no hace lo que espero, lo castigaré con mi insulto.

Oh, que vea lo importante que es esto —mi insulto, que lo reciba como castigo por su "mala conducta". Después de todo, ¡soy un tipo muy, muy importante!

No valoro mi vida. No aprecio tanto mi vida que no me importe gastar mi precioso tiempo en resentimientos. Renunciaré a un minuto de alegría, a un minuto de felicidad, a un minuto de jugueteo; prefiero dar este minuto a mi insulto. Y no me importa que estos frecuentes minutos se sumen a horas, horas a días, días a semanas, semanas a meses y meses a años. No me importa pasar los años de mi vida ofendido, porque no valoro mi vida. No sé cómo mirarme a mí mismo de lado. Soy muy vulnerable. Soy tan vulnerable que tengo que cuidar mi territorio y responder con resentimiento a todos los que lo tocaron. ¡Pondré un cartel de "Precaución, Perro Enojado" en mi frente y dejaré que alguien intente no notarlo!

Soy tan pobre que no puedo encontrar en mí mismo una gota de generosidad para perdonar; una gota de auto-ironía para reír; una gota de generosidad para no notar; una gota de sabiduría para no atrapar; una gota de amor para aceptar. ¡Soy un tipo muy, muy importante!

Para resumir:

1. ¿Qué es lo que normalmente le ofende?

2. ¿Qué beneficios obtiene del resentimiento?

3. ¿Qué es lo que provoca el resentimiento?

4. ¿Qué puede hacer ahora para reducir el resentimiento en la vida?

5. ¿A quién necesita perdonar primero?

6. ¿Cómo y cuándo lo perdonará?

Capítulo 14: Celos

"Viendo cómo algunos acumulan el bien, otros empiezan a acumular el mal". - Anónimo.

¿Alguna vez ha estado celoso? Asumiré que sí. Este sentimiento es inherente a todas las personas. Es la base de la competencia y la capacidad de sobrevivir. A una edad temprana, envidiamos a los niños mayores porque son más altos, más fuertes y se les permite participar en los deportes. En la escuela, envidiamos a ciertos estudiantes porque tienen más libertad y ya saben quiénes quieren ser. Si usted es soltero, entonces envidia a los casados, y si está casado, envidia a los solteros. Sin dinero, envidia a los ricos. Y los que tienen dinero envidian a los que tienen poder. Y este proceso es interminable.

El sentimiento de envidia es un sentimiento que se asocia con el deseo de redistribuir algún bien a favor de la persona. Esta es una de las formas de agresión, pero en una forma más suave. La fuente de la envidia son las necesidades insatisfechas. El principal impulsor de la envidia es la posición sobre la distribución injusta de los recursos en el pasado y/o el presente.

Pero hay otro lado. Desde un punto de vista positivo, la envidia "blanca" es la capacidad de realizar agudamente las necesidades y deseos propios a través de los logros de otras personas. Es decir, si envidiamos a alguien, esto puede ser un factor motivador para el autodesarrollo y el logro.

¿Cuándo aparece la envidia?

Si tenemos todo lo que necesitamos en cuanto a: suministros de comida, agua, aire, sueño, vivienda y seguridad, así como (y esto es importante) al menos una parte de lo que tienen los que nos rodean: las necesidades básicas no nos molestan. Al mismo tiempo, la insatisfacción con las necesidades básicas se experimenta de forma bastante dura. Inmediatamente hay autocompasión: entonces, ¿qué es: "Todos almorzaron y tengo hambre, como un huérfano"? Y cuanto más natural consideramos nuestra necesidad, más fuerte es la lástima: "Todos están dormidos, me siento solo y termino el trabajo a medianoche, eso es una gran pena".

Para la envidia, deben crearse condiciones especiales. Estas condiciones, por regla general, las creamos para nosotros mismos. A menudo esto sucede por costumbre. El comportamiento habitual convierte nuestras reacciones a ciertos eventos en automatismo. Veamos más de cerca cada uno de los desencadenantes.

Desencadenante de envidia número 1 - La envidia es cuando nos comparamos con otra persona. Por sí mismo, el deseo de compararse con otra persona lanza un mecanismo de búsqueda de sus (propias) ventajas y desventajas. Con este detonante, se nos proporcionará de forma estable un objeto para la envidia. ¿Con quién se compara más a menudo?

Desencadenante de envidia número 2 - La envidia es cuando competimos con otras personas. En el corazón de la vida, argumentaba Darwin, está la selección natural. La competencia por los recursos con el propósito de sobrevivir y la continuación de la humanidad, son los instintos básicos que controlan nuestro comportamiento. ¿Con quién está compitiendo actualmente?

Desencadenante de envidia número 3. La envidia es una admisión de la derrota. Es una especie de resentimiento contra usted mismo cuando reconoce su imperfección. Este resentimiento puede salir en forma de ira. Recuerde: en lo que nos concentramos, nos fortalecemos en nosotros mismos. Por lo tanto, podemos aumentar en nosotros mismos aún más los miedos, la ira, o, por el contrario, la apatía o la depresión. ¿Por qué se ofende ahora?

Además, puede que sienta envidia de usted. ¿Cómo se siente cuando sabe que es objeto de los celos de otra persona? Tal vez esto agregue confianza y una sensación de bienestar emocional a alguien, pero es posible que se produzca otro efecto. La envidia de los demás puede causar miedo. El miedo a ser herido o, peor aún, a ser maldecido. Por lo tanto, hay una categoría de personas a las que no les gusta divulgar sus éxitos, logros y alegrías. Viven tranquilamente regocijándose y no llamando la atención de otras personas.

Algoritmo de manejo de los celos

Es costumbre en la sociedad condenar la envidia. Según mi experiencia, en uno de mis cursos de formación, el participante declaró con orgullo su envidia por uno de los multimillonarios del mundo. Y era obvio que le gustaba esta envidia. A la pregunta: «¿Qué te da este sentimiento?» respondió que le inspira y le motiva a alcanzar su sueño. Esto no puede ser llamado envidia en la forma en que usualmente se representa. Este es un ejemplo de envidia "blanca", que se basa en una sincera admiración por las habilidades y logros de otra persona. Llegamos a la conclusión de que dicha envidia "blanca" no destruye a una persona, sino que, por el contrario, le añade significado y vitalidad. Esto solo es posible si uno reconoce su propia singularidad, autosuficiencia y "bondad".

Para convertir la envidia "negra" en "blanca", propongo usar ocho pasos de transformación. Habiendo hecho esta tarea cualitativamente al menos una vez, usted puede reconstruir su atención y concentrarse en la energía positiva y usar la envidia para su propio bien.

Paso número 1 - Admita que está celoso. Es importante hacer esto para captar este sentimiento. Permítase sentir esta envidia; no se culpe por ello. A menudo, al prohibirnos experimentar cualquier sentimiento, lo transferimos a un nivel inconsciente, perdiendo así el control sobre él.

Paso número 2 - Determine qué desencadenante de envidia funcionó.

• Desencadenante de envidia número 1: La envidia es cuando nos comparamos con otra persona.

• Desencadenante de envidia número 2: La envidia es cuando competimos con otras personas.

• Envidia número 3: La envidia es una admisión de la derrota.

Paso número 3: Trate de recordar y tener en cuenta en lo que ya ha tenido éxito. Tales fragmentos de éxito están necesariamente en su vida. Aprenda a alegrarse y a dar gracias por lo que ya tiene. Cambiar su atención a sus logros puede equilibrar su actitud hacia la persona que envidia.

Bellas palabras sobre este tema fueron citadas por Elena: "Tan pronto como comienzas a ver el significado de tus propias acciones y de la situación actual, la autocompasión se evapora en algún lugar, y no llega a la envidia. La respuesta a la pregunta: «¿Cómo detener la envidia?» sonará así: «¡Deja de compararte con los demás y ve al grano!»".

Paso número 4 - No se enfade con su objeto de envidia. La envidia es el resultado de la baja autoestima o la falta de comprensión de las propias necesidades. Una persona no tiene la culpa de que la envidien. Ha pagado su "precio" por lo que tiene. Si usted averigua los detalles, entonces este "precio" puede ser demasiado alto, y no todo el mundo estará dispuesto a pagarlo.

Paso número 5 - Agradezca mentalmente a esta persona por señalarle el camino a sus deseos, sueños y necesidades.

Paso número 6 - En lugar de buscar defectos en esta persona y condenarla, solo observe su desarrollo. Aprenda el éxito de las otras personas: ¿Qué hacen y cómo lo hacen? ¿Qué los llevó a tales resultados? Crear modelos y estrategias aceptables. ¿Qué cualidades de carácter o conocimientos (habilidades) pueden serle útiles?

Paso número 7 - Vuelva a revisarse a sí mismo. ¿Es realmente importante para usted tener lo que tiene esta persona? ¿Es realmente sobre usted y su vida? Si la respuesta es "Sí", ¡entonces actúe!

Paso número 8 - Haga un plan de acción específico que le ayude a moverse en la dirección deseada. Trabaje con un entrenador si es necesario.

Paso número 9 - Proceda en esta dirección y celebre sus propios éxitos.

Para resumir:

1. ¿Puede llamarse a sí mismo una persona envidiosa?

2. ¿Cuál de las opciones para los celos es la más cercana a usted y por qué?

3. ¿Qué es lo que provoca su envidia?

4. ¿Cómo se siente cuando la gente siente envidia de usted? ¿Por qué exactamente tiene este sentimiento?

5. ¿Qué significado positivo ve para usted en la envidia?

Capítulo 15: Emociones tóxicas

"¿Qué es lo que desprecias? Por esto eres verdaderamente conocido". - Frank Herbert, escritor de ciencia ficción americano.

¿Por qué el desprecio se considera una emoción venenosa? Hay algunas emociones que envenenan a una persona y a quienes la rodean cuando se experimentan. Al principio, esto afecta a los pensamientos, luego pasa al estado de ánimo y termina por causar enfermedades físicas.

En mi experiencia, estaba dirigiendo un curso de capacitación sobre inteligencia emocional, y un participante habló de su desdén por los funcionarios que se quemaban con los sobornos. Su desprecio rozaba el odio y se manifestaba en el deseo de ahorcar y disparar. Era interesante que el desprecio despertara en él una oleada de energía emocional y física. Parecía estar lleno de fuerza cuando hablaba de otro ejemplo de corrupción. Durante el diálogo, resultó que no pretendía abandonar completamente este sentimiento, ya que lo consideraba adecuado, sino simplemente quería hacerlo más manejable.

Naturaleza del desprecio

En el fondo, el desprecio es un sentimiento de falta de respeto y de negligencia que surge en relación a una persona o un grupo de personas que muestran ciertas cualidades personales, cometen ciertas acciones o tienen ciertas creencias. Por regla general, una persona que experimenta desprecio condena estas cualidades y no se permite mostrarlas. Este sentimiento forma la relación entre las personas y crea desigualdad. Una persona que se pone por encima de otra (según diferentes criterios), se distancia conscientemente de ella.

Los resultados de un estudio del famoso psicólogo americano Carroll Izard revelaron la naturaleza de este sentimiento. Él cree que, en una perspectiva evolutiva, el desprecio era un medio de preparar a una persona o grupo de personas para enfrentar el peligro. Para poner esto en perspectiva, imagínese a un joven preparándose para una batalla con un adversario, provocando tales pensamientos en sí mismo: «Soy más fuerte que él, soy mejor que él». Los hombres que adoptaron una mentalidad similar mostraron más coraje y menos empatía por el enemigo.

Así, el sentido del desprecio tiene un poder de motivación. Esto significa que al experimentarlo, ganamos una confianza adicional para actuar.

Las siguientes variaciones están disponibles. Hablando de las variedades de desprecio, quiero que observe la secuencia de su desarrollo. Estoy convencido de que aquí funciona el principio inverso: si un hombre desprecia a toda la humanidad, entonces, en el fondo, se desprecia a sí mismo:

1. Desprecio por sí mismo.

2. Desprecio por el otro.

3. Desprecio por un grupo de personas.

4. Desprecio por toda la nación.

5. Desprecio por toda la humanidad.

Usted puede recordar sus propios ejemplos de la vida o la historia cuando este o aquel tipo de desprecio se manifestó. Por esta razón, recuerde el desprecio que los nazis sentían por la raza judía. Este "desprecio impuesto" era tan irracional en esencia y racional en forma, que como resultado de las acciones de los nazis, millones de judíos fueron destruidos físicamente. El desprecio, como un virus, se apoderó de toda la nación alemana, haciendo de este sentimiento una parte de la ideología propagandística.

El desprecio es un sentimiento intermedio

Como una sorpresa, el sentimiento de desprecio es de naturaleza intermedia, aunque más estable. Esto significa que puede ser un sentimiento independiente y puede entrar en otras formas de emoción. Depende de las creencias internas, así como de los objetivos de la persona. El sentimiento de desprecio puede ser llamado un sentimiento "frío". Dependiendo de las circunstancias, el desprecio se convierte en:

- Enojo.
- Resentimiento.
- Ira.
- Tristeza.
- Alarma.

Por ejemplo, puede experimentar desprecio por la persona que robó algo, y después de este sentimiento, la ira y el deseo de castigar severamente al ladrón pueden aparecer instantáneamente. O desprecio por el amigo que le engañó, y luego tristeza por la pérdida de la relación.

Los beneficios emocionales de sentir desprecio

Si una persona hace algo o siente una emoción, entonces es beneficioso para él, incluso si niega tal beneficio. Durante mucho tiempo, no pude ver este sentimiento desde una posición de beneficio. Sin embargo, un análisis de los estudios científicos de este sentimiento me hizo pensar en los posibles beneficios que trae a nuestra psique. Los desencadenantes del desprecio, por lo tanto, funcionan porque son beneficiosos para nuestra psique y cumplen una función importante.

Beneficio número 1 - El desprecio como signo de superioridad. Habiendo ganado en cualquier negocio, podemos experimentar desprecio por el lado perdedor. En el momento de desprecio, empezamos a sentir una fuerza extra.

Beneficio número 2 - El desprecio proporciona una oportunidad de salir de la severidad de nuestra propia disfunción. Despreciando a otro, buscamos un aumento de nuestra propia autoestima. Con el trasfondo de una persona humillada, comenzamos a elevarnos, aunque solo sea a nuestros propios ojos.

Beneficio número 3 - El desprecio proporciona una oportunidad de realizar nuestros valores, creencias y principios. Despreciando, podemos entender lo que es importante para nosotros y por qué. Podemos estar orgullosos de seguir claras pautas de vida que nosotros o nuestro entorno realmente valora.

A pesar de que el desprecio tiene beneficios, ¡este sentimiento es muy tóxico! ¡Altamente! Este sentimiento está sujeto a un rápido desarrollo, como un tumor canceroso, y puede entrar en otra condición aún más seria.

¿Cómo deshacerse de estas emociones tóxicas?

En mi experiencia, una de mis amigas de color era muy despectiva con la "gente de nacionalidad caucásica". Los llamaba "cuñas", y simplemente se ponía de cabeza cuando un caucásico estaba a su lado. Una vez, después de su siguiente queja a los caucásicos, que eran ruidosos en la calle, decidí investigar su desprecio con ella. Respondiendo a varias preguntas, se dio cuenta de que despreciaba a los caucásicos por su imprevisibilidad y emocionalidad. Esto le causó temor, que enmarcó en el sentido de desprecio—. ¿A qué le temes?—Pregunté—. Tengo miedo de que me violen—respondió con sorpresa—. ¿Por qué crees que quieren violarte?—Pregunté con cautela—. ¡No lo sé!—ella respondió en voz alta. Aparentemente, la causa de este profundo miedo fue la experiencia lejana de los ancestros, que eran asaltados regularmente por tribus foráneas. En aquellos días, el grupo victorioso mataba a los hombres y violaba a las mujeres. Tal vez la razón de este miedo se encuentra en la historia de su familia.

Si, mientras usted estudiaba este material, llegó a la conclusión de que tiene más sentimientos de desprecio de los que necesita, y que envenena su vida, entonces está listo para la técnica para deshacerse del desprecio. Hago notar que para deshacerse del desprecio, usted debe tener una motivación seria y el deseo de obtener beneficios tangibles. Estos beneficios deben ser mayores que los beneficios de tener desprecio en su vida. Registre estos beneficios ahora mismo:

Beneficio número 1: _____

Beneficio número 2: _____

Beneficio número 3: _____

Si ha identificado suficientes beneficios, podemos proceder a los pasos específicos de la liberación.

Paso número 1 - Aceptación. Aceptar el hecho de que la acción de una persona es lo mejor que podría (o puede) hacer en base a su situación de vida. No sabemos en qué circunstancias se encuentra una persona y qué historia tiene.

Paso número 2 - Comprensión. Cada vez, trate de entender la razón del acto de la persona, no importa cuán absurdo pueda ser a primera vista. Vea la situación con sus ojos. Intente comprender la razón de su elección. Seguramente esta elección fue bien intencionada.

Paso número 3 - Singularidad. Cada vez, trate de ver la singularidad de la persona y la experiencia que trae consigo. No lo compare con ningún punto de referencia e ideales. Esto no es fácil, porque siempre quiere comparar a otra persona con usted mismo.

Paso número 4 - "Precio propio". Acepte el hecho: cada persona paga "su propio precio" por sus acciones y el estilo de vida que lleva.

La persona que desprecia ya ha pagado o pagará por lo que hace. El precio no lo determinamos nosotros, sino la vida misma. Déjeles el derecho a elegir.

En resumen:

1. ¿Qué tipos de desprecio experimenta más a menudo?

2. ¿Qué beneficios encuentra en el desprecio?

3. ¿Qué daño le hace este sentimiento?

4. ¿Qué es lo que provoca su desprecio?

5. ¿En qué sentimiento suele convertirse su desprecio?

6. ¿Cuál de las siguientes recomendaciones le ha sido más útil y por qué?

Capítulo 16: Mejorando la conciencia emocional

Estamos motivados por las emociones, no por los pensamientos. Sin la comprensión de lo que siente, es imposible entender completamente su propio comportamiento y, en consecuencia, no es posible controlar las emociones y acciones, ni leer los deseos y necesidades de los demás.

La conciencia emocional incluye dos habilidades principales:

1. La capacidad de reconocer la experiencia emocional del presente.

2. La capacidad de hacer frente a todas sus emociones.

Estas dos habilidades merecen nuestra especial atención.

¿Alguna vez se ha sentido como si estuviera controlado por la depresión, la ansiedad o la ira? ¿La mayoría de las veces actúa como si no debiera, tomando una decisión (actuando, diciendo o haciendo algo) y sabiendo que se arrepentirá más tarde? ¿Le sucede que se siente emocionalmente entumecido? ¿Tiene dificultades para comunicarse con otras personas y para cultivar normas ideales de relaciones? ¿Siente que su vida —las "montañas americanas" emocionales— son extremos sólidos y sin equilibrio? Si respondió afirmativamente al menos a una de estas preguntas, debe saber que cada una de las condiciones descritas está asociada con un trastorno de conciencia emocional.

La conciencia emocional nos ayuda a:

• Reconocer quiénes somos: lo que amamos, lo que no amamos y lo que necesitamos.

• Comprender a otras personas y simpatizar con ellas.

• Comunicarse de forma clara y efectiva.

• Tomar decisiones sabias basadas en los motivos que son más importantes para nosotros.

• Motivarnos a actuar para lograr un objetivo.

• Desarrollar relaciones fuertes y saludables.

La conciencia emocional lleva nuestra vida a un equilibrio. Esas actitudes que nos preocupan a casi todos nosotros serán reemplazadas por otras que nos apoyen y aprueben. Compare estas declaraciones:

"Cuando se trata de sentimientos, constantemente llego a los extremos".

"La vida no tiene por qué estar constantemente en el punto más alto; no es solo altibajos. Cuanto más contacto mantenemos con nuestro mundo interior, mejor controlamos nuestras experiencias, más rápido aprendemos a evitar los extremos en las reacciones y experiencias".

"Yo, la mayoría de las veces, me arrepiento de mis acciones y/o de mis palabras".

"Si usted, la mayoría de las veces, sueña con lo bueno que sería entrar en una máquina del tiempo o rebobinar el tiempo, solo para no decir lo que dijo o no hacer lo que hizo, entonces su camino para desarrollar la conciencia emocional se encuentra en el dominio de la paciencia durante el estrés".

"No tengo fuerza".

"Cuando físicamente está en perfecto orden, pero no tiene la energía para forzarse a actuar (aunque estemos hablando de las cosas más simples), tal vez esto sea depresión. Con un mejor entendimiento del EQ, puede y podrá reconfigurar estos sentimientos y hacer cambios positivos".

"No me gustan los que me gustan".

"Las relaciones son algo complejo, pero es mucho más fácil conocer a la gente, hacer amigos, y hacer fuertes conexiones con la conciencia emocional".

"Es poco probable que tenga éxito en la vida, aunque soy inteligente y trabajo duro".

"Ya sabe que el éxito en la vida y en el trabajo a veces requiere más que solo mente y esfuerzo. Junto con ellos, la inteligencia emocional se reconoce como uno de los factores principales para encontrar un mejor lugar bajo el sol".

"Otros dicen que no tengo sentimientos; me llaman una persona insensible, una máquina".

"Hay personas que no saben controlar sus manifestaciones emocionales; se irritan fácilmente, se molestan con facilidad y expresan fácilmente lo que piensan. Pero hay otros: los que se mantienen bajo un control tan estricto que no expresan ningún sentimiento. Pase lo que pase, parece como si no los tocara en absoluto. La solución para ellos es encontrar un equilibrio con sus propios sentimientos".

Evalúe su conciencia emocional

Hay muchas pruebas para la inteligencia emocional. La gran mayoría de ellas son puramente de entretenimiento y no pueden ser tomadas en serio. Puede distinguir fácilmente tales pruebas en las propias preguntas (como: "Siempre te sientes así cuando le gustas a un chico"). El test MSCEIT (The Mayer-Salovey-Caruso Emotional Intelligence Tests), desarrollado en base a los estudios de Salovey y Mayer, se considera clásico. El test, que consta de ciento cuarenta y un preguntas, da un resultado muy detallado y razonable. Hay otras pruebas que puede encontrar fácilmente y pasar si lo desea. Ahora mismo nos centraremos en los diagnósticos rápidos.

Aunque la inteligencia emocional es la base de una buena comunicación, del desarrollo y el mantenimiento de relaciones sólidas y, lo que es más importante, de la salud emocional, las personas a menudo no están familiarizadas con sus propias experiencias emocionales. La práctica psicológica muestra que no muchos pueden describir claramente cómo se sienten. La mayoría de las personas, cuando se les pregunta: "¿Qué sientes?" responderán algo como: "Bueno, muchas, simplemente no puedo expresarlo". Y el problema es que, al ser incapaces de identificar y expresar sus propios sentimientos, ni siquiera piensan que esto es un problema. Responda a las siguientes preguntas; este no es un test en el que se pueda obtener una evaluación. Pero estas preguntas le ayudarán a entender algo: cuanto más a menudo responda "no", más necesitas trabajar en su inteligencia emocional.

- ¿Puede experimentar sentimientos fuertes, incluyendo ira, tristeza, miedo, asco, alegría?

- ¿Siente sus emociones físicamente? Por ejemplo, si está triste, ¿tiene una pesadez en el pecho o en el estómago? Si está preocupado, ¿tiene un nudo en la garganta?

- ¿Toma alguna vez decisiones basadas en la intuición? ¿Toma decisiones basadas en las emociones?

- Cuando su cuerpo le señala que algo va mal (se le pone la piel de gallina en la espalda, etc.), ¿confía en sus sentimientos?

- ¿Se siente cómodo con todas sus emociones? ¿Se permite sentir ira, tristeza o miedo sin juzgarse o suprimir estas experiencias?

- ¿Presta atención a cada cambio en su estado emocional? ¿Experimenta diferentes emociones durante el día o es la misma emoción la que le sostiene constantemente?

- ¿Puede hablar de sus emociones?

- ¿Siente que otras personas entienden sus sentimientos?
- Cuando los demás conocen sus emociones, ¿le conviene?
- ¿Es sensible a las emociones de otras personas? ¿Le resulta fácil ponerse en el lugar de otro?

La mayoría de la gente no conoce sus sentimientos, y aunque lo note internamente, siempre tiene la oportunidad de arreglarlo. Simplemente comprendiendo y reconociendo sus emociones, y siendo capaz de manejarlas y hacerlas frente, puede disfrutar de una gran felicidad y paz dentro de usted y construir una mejor relación.

Y repetimos de nuevo: si no aprendemos a manejar el estrés, no podemos hacer frente a nuestras emociones. No son predecibles, y nunca podemos estar seguros de lo que causará una reacción emocional de cualquier tipo. Además, bajo presión, no parece que tengamos tiempo para volver inmediatamente a un estado adecuado. Por lo tanto, necesitamos herramientas para lidiar con el estrés rápidamente. El desarrollo de la inteligencia emocional depende en gran medida de nuestra capacidad para aliviar el estrés una vez que ha comenzado. Si sabe cómo calmarse solo sintiéndose deprimido, bueno, esa es una manera y una negativa en ese sentido. Recuerde que las emociones pueden ayudar, pero también pueden herir. Ese miedo y esa impotencia pueden llevarle a cerrarse, inhibir su capacidad de pensamiento racional y empujarle a realizar una acción (o un conjunto de acciones verbales o no verbales) para que hable y haga cosas de las que luego se arrepentirá.

Así que si las emociones pueden contener tanto ventajas como desventajas, ¿tal vez puedan ser utilizadas para sus propios fines? Por supuesto que sí: incluso en las emociones desagradables, hay una nota positiva.

- La ira puede ser destructiva y reforzante. La ira descontrolada puede enloquecer, poniendo en peligro a la persona y a los que la rodean. Pero la ira también puede proteger a una persona y salvar una vida. La ira es una emoción que concentra mucha energía, y esta energía puede utilizarse para salvar la situación, movilizándose e inspirando la acción correcta y decisiva.

- La pena puede llevar a la depresión, pero también apoya la curación emocional. La tristeza anima a una persona a calmarse, dejar de pensar en lo malo, curarse y recuperarse del triste acontecimiento.

- El miedo que captura completamente a una persona es una emoción debilitante y negativa. Pero el miedo no solo hace esto: también activa reacciones defensivas que protegen contra el peligro externo. El miedo, profundamente arraigado en el alma, a menudo causa depresión crónica. El miedo abrumador puede ser un obstáculo que nos separa de los demás, pero el miedo también mantiene una vida segura, advierte del peligro e induce acciones protectoras.

Nacemos con la capacidad de experimentar toda la gama de emociones humanas: alegría, orgullo, ira, tristeza, miedo y otras. Sin embargo, muchas personas se desconectaron de algunos o todos sus sentidos. Entre ellos, los que experimentaron traumas psicológicos en la infancia a menudo se desconectan de sus emociones y de las sensaciones físicas que causan. Pero cuando tratamos de evitar el dolor y el malestar, nuestras emociones se distorsionan; perdemos contacto con ellas cuando tratamos de ignorarlas, en lugar de preocuparnos.

Evitando las emociones y evitando las experiencias emocionales:

- Nos negamos a conocernos a nosotros mismos. Esta es una de las consecuencias más importantes: por lo tanto, no queremos entender por qué reaccionamos ante diferentes situaciones de una manera u otra; qué es lo que queremos o qué es lo que realmente necesitamos.

- Nos privamos no solo de lo malo, sino también de lo bueno. Apagando deliberadamente los sentimientos negativos: ira, miedo o tristeza, también cerramos nuestra capacidad de experimentar sentimientos positivos: alegría, amor y felicidad.

- Estamos cansados. Porque evitar las emociones es agotador. Podemos distorsionar y opacar los sentidos, pero no podemos eliminarlos completamente. Gastamos mucha energía en aprender a evitar una experiencia emocional genuina y mantener nuestros sentimientos oprimidos. Es devastador.

- Arruinamos nuestras relaciones. Cuanto más nos alejamos de nuestros sentimientos, más nos alejamos de otras personas y dejamos de esforzarnos por desarrollar un vínculo social agradable con ellos. Tan pronto como nos desconectamos de esas experiencias que causan incomodidad, automáticamente nos desconectamos de las experiencias positivas. Con esta separación, nos negamos a nosotros mismos la alegría y la risa, que, por cierto, apoyan mucho en los momentos difíciles.

Superar las pérdidas y completar tareas sólidas solo es posible si podemos conservar la capacidad de regocijarnos. Esta emoción inspiradora siempre nos recuerda que la vida merece ser vivida, y puede traer no solo amargura, sino también alegría.

¿Qué hacer? ¡Abrazar y sentirse cómodo con todas sus emociones! Si nunca ha sido capaz de hacer frente a la presión, el consejo de no abandonar las emociones negativas puede parecer dudoso. Pero, incluso después de experimentar un trauma psicológico, una persona puede curarse, habiendo aprendido a maniobrar entre sus experiencias emocionales con seguridad. Puede y debe esforzarse por cambiar la forma en que responde a sus emociones. Esto implica reunirse con todas las emociones básicas, que incluyen la ira, la tristeza, el miedo, el asco, la sorpresa y la alegría, a través del proceso de autosanación. Una vez establecido este objetivo y empezando a ponerlo en práctica, debe tener constantemente en cuenta varios puntos importantes:

Las emociones van y vienen rápidamente si las deja.

Puede que le preocupe que tan pronto como empiece a experimentar todas las emociones que ha evitado, se queden con usted para siempre. Pero esto no es así. Cuando no estamos locos por nuestras emociones, tarde o temprano, incluso los sentimientos más dolorosos y difíciles se atenúan y pierden poder sobre nosotros. Si no alimenta la emoción con su atención, la controla. Notará que cuando está en paz con su mundo interior, las principales emociones (tanto positivas como negativas) van y vienen rápidamente. Esto significa que durante el día observa, escucha o aprende algo que instantáneamente causa una fuerte respuesta en los sentimientos. Pero si no está enfocado en este sentimiento, no se apoderará de usted, y pronto otras emociones tomarán su lugar. Esta es la diferencia con el estado en el que está enfocado intensamente en una emoción en particular, por ejemplo, la tristeza; lo que está sucediendo solo le entristece.

El propio cuerpo le dirá lo que está mal con las emociones.

Las emociones están estrechamente relacionadas con las sensaciones físicas; al experimentar una intensa excitación o alegría, siente cómo el cuerpo responde con tensión o ligereza. Tomando nota de estas sensaciones físicas, comprenderá mejor cómo manejar las emociones. Por ejemplo, hay cierto tipo de persona que hace que aparezca amargura en su boca cuando pasa tiempo con él (o ella). Puede concluir que es desagradable para usted estar cerca de él; si durante una cierta acción su estómago se contrae, entonces esta acción le hace sentir incómodo, por lo que no quiere hacerlo. Por supuesto, usted mismo sabe perfectamente quién le gusta y qué no le conviene; pero escuchar a su cuerpo es útil incluso para una persona con una inteligencia emocional perfectamente desarrollada, porque esto le recordará una vez más la necesidad de proteger su salud.

Olvídese del conflicto entre la razón y el sentimiento.

Que esto quede solo en las películas y los libros. La inteligencia emocional funciona como el instinto. Cuando esté bien preparado, sabrá cómo se siente como un reflejo, es decir, ni siquiera pensando en ello; y puede usar estas señales emocionales para entender la situación y actuar en consecuencia. El objetivo no es que alguien gane la guerra entre la razón y los sentimientos; el objetivo es poner fin a esta guerra y encontrar un equilibrio entre los dos participantes.

Conclusión

Gracias por llegar hasta el final de *Inteligencia emocional: Desbloquee los secretos para mejorar su inteligencia emocional, habilidades sociales, carisma, influencia y autoconciencia, incluyendo consejos de comunicación altamente efectivos para persuadir a la gente*. Debería haber sido informativo proporcionándole todas las herramientas que necesita para mejorar tu cociente emocional y tener éxito en la vida.

Las emociones son esos fuertes hilos invisibles que conectan a las personas. Estas forman la base para entendernos a nosotros mismos y establecer relaciones de confianza con aquellos que necesitamos y que son queridos por nosotros.

Pero para experimentar todas las ventajas de una inteligencia emocional altamente desarrollada, no basta con experimentar emociones. Es necesario comprenderlas y ser capaz de controlarlas. Esta habilidad indispensable puede ser llamada conciencia emocional. Todo lo que esto nos da, no lo necesitamos obtener de otro lugar, ya lo tenemos. La conciencia emocional es inherente a cada persona, sin excepción, es una característica de nuestra especie. La única diferencia es que algunas personas han pasado más tiempo y trabajo en su desarrollo que otras. Sí, a alguien se le puede haber dado una alta inteligencia emocional desde el nacimiento, pero otro que trabaja en ella de forma independiente puede lograr los mismos resultados —a veces, incluso mejores— porque en lo que se invierte trabajo se valora más que el regalo recibido.

Empiece a mejorar su inteligencia emocional, sin importar cuán desarrollada esté ahora. Los humanos siempre necesitan algo por lo que esforzarse. Cuanta más conciencia emocional poseemos, más clara y creativamente pensamos; más fácil es manejar el estrés y hacer frente a los problemas; y más fuertes son nuestras relaciones personales. Tanto si sabemos de ellas como si no, las emociones están constantemente presentes en nuestro entorno y alrededor de nuestra vida personal, pasando factura a todo lo que nos rodea. Ser consciente de las emociones es saber qué y por qué sentimos, definir y expresar nuestros sentimientos, comprender qué conecta nuestros sentimientos con nuestras acciones y ponernos en la piel de los demás para tener una mejor relación, sólida, positiva y fructífera con ellos.

Por último, si usted encontró este libro útil de alguna manera, ¡una reseña en Amazon siempre es apreciada!

Vea más libros escritos por Mark Dudley

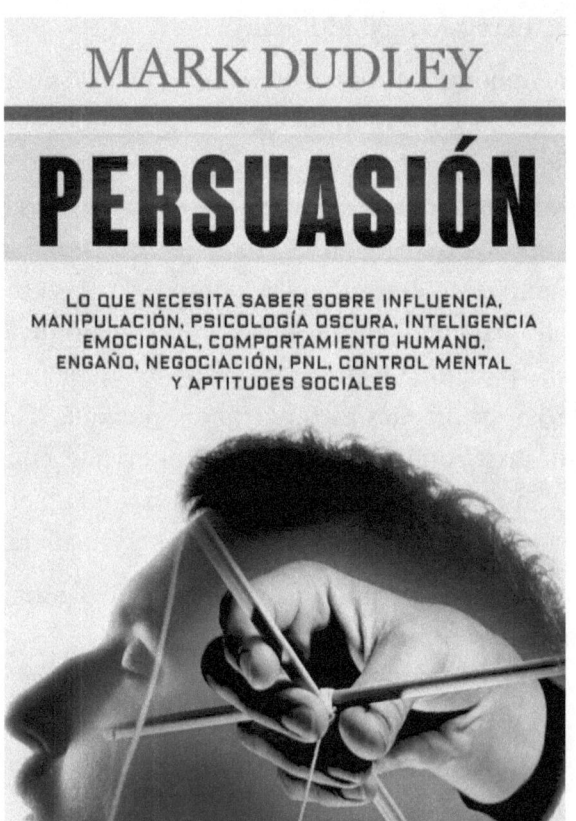

www.ingramcontent.com/pod-product-compliance
Lightning Source LLC
Chambersburg PA
CBHW030114240426
43673CB00002B/71